# Die 50 wichtigsten

# Schlachten

## der Weltgeschichte

## Bildnachweis

Archiv Bucher Verlag: Cover Vorderseite Hintergrund (11), Cover Rückseite r. (2), S. 67
Archiv für Kunst und Geschichte (akg), Berlin: S. 42 (IAM/World History Archive)
picture-alliance, Frankfurt am Main: Cover Vorderseite Hintergrund, S. 10 (dpa-Bilderdienste), 17, 20, 24, 27 (3x dpa-Report), 31, 35 (united archives), 41 (KPA), 45 (imagestate/Spectrum), 51 (KPA), 68, 83 (dpa-Report), 89 (Everett Collection), 103 (KPA), 105 (maxppp), 107 (Everett Collection), 120 (dpa-Bildarchiv), 121 (prismaarchivo), 123 (Imagno), 131 (newscom), 132 (KPA), 135, 136 (KPA), 141 (dpa-Bildarchiv)
picture-alliance/akg: Cover Vorderseite Hauptbild, Cover Rückseite u. l. (Jean-Pierre Verney), S. 14 (Peter Conolly), 16 (Erich Lessing), 19, 23 (Jean-Pierre Verney), 25, 29 (Museum Kalkriese), 30, 32, 33, 34, 37, 39, 47, 55, 56 (Erich Lessing), 57, 59, 63, 65, 73, 75, 76, 79, 80, 84, 85, 87, 90, 91, 97 (Erich Lessing), 99, 108, 111, 112, 119, 129
picture-alliance/imagestate/HIP: Cover Rückseite o. l., S. 15, 52, 60, 64, 71, 100, 117, 118
picture-alliance/Mary Evans Picture Library: Cover Vorderseite Hintergrund (2), S 12, 48, 93, 94, 115, 125, 127, 139
Otto Schertler, München: S. 13

Das Titelbild zeigt die Schlacht bei Jena und Auerstedt im Oktober 1806.

Otto Schertler, geboren 1962 in Ergoldsbach/Niederbayern, studierte an der Universität München Vorderasiatische Archäologie, Ethnologie und Vor- und Frühgeschichte. Seit 1998 arbeitet er als freiberuflicher Autor und Übersetzer. Im Bucher Verlag ist sein Titel *Schlachten der deutschen Geschichte* (zusammen mit Michael Solka) erschienen. Otto Schertler lebt in München.

## Impressum

© 2011 Bucher Verlag, München
Alle Rechte vorbehalten

www.bucher-verlag.de

Produktmanagement: Stefan Mayr
Textredaktion: Jessica Schöningh-Alemann, Köln
Satz und Gestaltung: Medienfabrik GmbH, Stuttgart
Gestaltung Umschlag: Studio Schübel Werbeagentur GmbH, München
Lithografie: Repro Ludwig, Zell am See
Herstellung: Bettina Schippel
Druck und Bindung: Printer Trento S.r.l.

### Bibliografische Information der Deutschen Nationalbibliothek

Die Deutsche Nationalbibliothek verzeichnet diese Publikation in der Deutschen Nationalbibliografie; detaillierte bibliografische Daten sind im Internet über http://dnb.d-nb.de abrufbar.

ISBN 978-3-7658-1821-0

# Die 50 wichtigsten

# Schlachten
## der Weltgeschichte

Otto Schertler

# Die 50 wichtigsten

# Schlachten der Weltgeschichte

# 1

# Am Rand der Katastrophe – Die Schlacht bei Kadesch 1285 v. Chr.

Pharao Ramses II. kämpfte bei Kadesch mit hohem persönlichem Einsatz. Seine strategischen Fähigkeiten sind allerdings geringer einzustufen, da ihn sonst die Hethiter nicht so einfach hätten überraschen können.

**In der Schlacht von Kadesch fanden die kriegerischen Auseinandersetzungen zwischen Ägyptern und Hethitern um die Vorherrschaft in Syrien ihren Höhepunkt. Dabei entging Ramses II. nur knapp einer katastrophalen Niederlage.**

Mit Beginn des Neuen Reiches um 1550 v. Chr. war aus dem bis dahin defensiven Ägypten eine aggressive Großmacht geworden, die ihren Machtbereich bis weit nach Palästina und Syrien hinein erweitert hatte. Die Vorherrschaft über diese Gebiete wurden den ägyptischen Pharaonen jedoch vom hethitischen Großreich streitig gemacht, das seinen Machtbereich ebenfalls nach Syrien hinein ausdehnte. Den Höhepunkt der Auseinandersetzungen zwischen den beiden Großmächten bildete die Schlacht bei der syrischen Stadt Kadesch – die Stadt liegt etwa 25 Kilometer südwestlich der heutigen Stadt Homs am Nordrand des Libanon-Gebirges. Die Schlacht von Kadesch ist die älteste Schlacht der Geschichte, deren Ablauf fast vollständig dokumentiert ist, da Pharao Ramses II. einige, wenn auch selbstverständlich sehr zu seinen Gunsten gefärbte Berichte darüber auf den von ihm errichteten Tempeln hinterlassen hat.

Ramses II. zog sein Heer zusammen und marschierte von Ägypten aus entlang der alten Küstenstraße über den Sinai und weiter nach Norden in Richtung Syrien. Sein Heer bestand aus vier Divisionen, die nach den ägyp-

**Der Streitwagen – High-Tech-Waffe der Bronzezeit**

In der bronzezeitlichen Kriegsführung spielte der leichte, von zwei Pferden gezogene Streitwagen eine bedeutende Rolle. Bemannt mit einem gepanzertem Fahrer und einem Kämpfer (die Hethiter hatten sogar zwei Kämpfer) bildete diese Waffe den Schrecken der Fußkrieger. Solange diese eine feste Formation einnahmen, konnten ihnen die Wagen relativ wenig anhaben, da geschlossene Truppenkörper von den Wagen nicht durchbrochen werden konnten. Doch auf dem Marsch befindliche oder fliehende Infanterie war den Wagen praktisch wehrlos ausgeliefert. Die Wagen und die speziell trainierten Pferde waren in der Herstellung und dem Unterhalt sehr teuer und stellten daher ein kostbares Gut dar.

tischen Göttern Amun, Re, Ptah und Seth benannt waren und etwa 20 000 Mann sowie 2500 Streitwagen umfassten. Die Heerschar marschierte in einem bis zu 20 Kilometer lang gestreckten Zug. Kurz vor Kadesch wähnten die Ägypter aufgrund einer falschen Aussage von zwei angeblichen hethitischen Deserteuren die Hethiter noch weit entfernt, während der Hethiterkönig Muwatalli II. in Wirklichkeit bereits mit seiner gesamten Armee – unsichtbar für die Ägypter – hinter der Stadt Kadesch mit etwa 30 000 Mann Fußtruppen und 3500 Streitwagen in Stellung gegangen war. Muwatalli beobachtete den Anmarsch der völlig ahnungslosen Ägypter und ließ zunächst die Division Amun, bei der sich auch Ramses II. befand, den Fluss Orontes überqueren.

Der ägyptische Pharao schlug hier vor der Stadt ebenfalls ein Lager auf und erwartete den Rest seines Heeres. Gerade als die Division Re den Orontes überquerte, ließ Muwatalli seine gesamtes Streitwagenkorps auf die völlig überrumpelten Ägypter los. Innerhalb kürzester Zeit war die Division Re zerschlagen und die Hethiter jagten auf das ägyptische Lager zu. Gerade noch rechtzeitig konnte Ramses II. seinen Streitwagen besteigen und nahm (wohl zusammen mit seiner Leibgarde) den Kampf gegen die Hethiter auf. Lange hätte der Pharao dem zahlenmäßig weit überlegenen Feind nicht standhalten können, doch er hatte Glück. Ein auf einem anderen Weg heranziehendes, aus kampfstarken Söldnern gebildetes Korps der Ägypter tauchte unerwartet auf und griff in den Kampf ein. Dies und das bedrohliche Herannahen der ägyptischen Division Ptah veranlasste die Hethiter schließlich zum Rückzug.

Ramses war knapp einer Katastrophe entkommen, doch sein Heer war schwer in Mitleidenschaft gezogen. Die hethitische Streitwagentruppe hatten zwar ebenfalls Verluste zu verzeichnen, doch die hethitischen Fußtruppen waren noch voll einsatzbereit. Daher wären die Hethiter im Falle einer weiteren Schlacht in einer weit besseren Position gewesen. Anscheinend erkannte auch Ramses die strategisch ungünstige Situation und zog sich zurück. Obwohl Ramses auf seinen Baudenkmälern die Schlacht als einen Sieg feierte, kann man die Schlacht von Kadesch bestenfalls als unentschieden bezeichnen. Die Auseinandersetzung mit den Hethitern mündete schließlich in den ersten bekannten Friedensvertrag der Geschichte zwischen Ramses II. und König Hattusili III., dem Nachfolger Muwatallis II.

»Keiner der Feinde hat noch Mut zu kämpfen. Ihre Herzen sind matt vor Furcht und ihre Arme sind schwach geworden. Sie können nicht schießen und haben nicht das Herz, ihre Speere zu nehmen … und ich töte unter ihnen wen ich will … Wer von ihnen fällt, der erhebt sich nicht wieder.« Pharao Ramses II.

# 2 Kampf um Griechenland – Die Schlacht bei Marathon 490 v. Chr.

Der athenische Feldherr Miltiades konnte die anderen Strategen von der Notwendigkeit eines sofortigen Angriffs auf die Perser überzeugen. Dies trug entscheidend zum Sieg der Griechen bei.

**In der ersten großen Schlacht der Perserkriege konnten sich die Athener gegen die zahlenmäßig überlegenen Perser siegreich behaupten. Die geschickte Ausnutzung des bergigen Geländes und die Disziplin der schwer gepanzerten Hopliten gaben den Ausschlag für den Sieg.**

Seit Mitte des 6. Jahrhunderts hatte sich das persische Großreich über den gesamten Vorderen Orient ausgedehnt. Dadurch waren auch die an der kleinasiatischen Westküste gelegenen Städte der ionischen Griechen zu Untertanen der persischen Großkönige geworden. Doch zwischen 500 und 494 v. Chr. kam es dort zum sogenannten Ionischen Aufstand gegen die Herrschaft der Perser, der von letzteren gewaltsam niedergeschlagen wurde. Die Städte Athen und Eretria hatten die Ionier unterstützt, und der persische Großkönig Dareios I. wollte sie nun dafür bestrafen.

Eine im Jahr 492 v. Chr. unternommene erste persische Flottenexpedition scheiterte am Athosgebirge durch einen Sturm. 490 v. Chr. sandte Dareios I. eine neue Flotte unter dem Befehl der beiden Feldherren Datis und Artaphernes aus. Zu Beginn war diese zweite Expedition erfolgreich, Eretria, die schwächere der beiden Städte, wurde von den angelandeten Truppen erobert und zerstört. Dann segelten die Perser weiter in Richtung Athen und gingen nahe des nordöstlich der Stadt gelegenen Ortes Marathon an Land. Hier bezog die eintreffende Streitmacht der Athener zusammen mit einem Hilfskontingent aus Plataä unter dem Befehl des Miltiades Stellung.

Wie bei allen Schlachten der Antike ist die jeweilige Stärke der beteiligten Heere schwer zu schätzen, doch dürfte das persische Heer etwa 20 000 Mann umfasst haben, während die Griechen vermutlich über knapp 10 000 Mann verfügten. Das Schlachtfeld war auf dem linken Flügel der Griechen durch bergiges Gelände und rechts durch die Küste begrenzt. Dies erklärt vielleicht, warum die Perser ihre Kavallerie nicht einsetzten, um die griechische Schlachtordnung an den Flanken zu umgehen. Miltiades hatte sein Zentrum ausgedünnt, dafür aber die Flügel verstärkt, um die Perser zu zwingen, ihre Front zu verbreitern. Diese hatten ihre schwere Infanterie im Zentrum postiert, während die Bogenschützen wohl an den Flanken standen.

Als sich das persische Heer auf Pfeilschussweite näherte, gingen die Griechen plötzlich zum Gegenangriff über und überrannten die beiden Flügel des feindlichen Heeres. Gleichzeitig wurde aber ihr eigenes, schwaches Zen-

> »Als die Aufstellung vollendet war und das Opfer günstig ausfiel, stürmten die Athener auf das Zeichen zur Schlacht hin gegen die Barbaren vor ... Die Athener waren die ersten unter allen hellenischen Stämmen, soweit wir wissen, die den Feind im Laufschritt angriffen ...«
> Herodot, antiker Historiker

trum von den Persern eingedrückt und fast durchbrochen. Die disziplinierten Athener ließen an den Flügeln daraufhin von der Verfolgung des fliehenden Gegners ab und vollführten eine Zangenbewegung. Die Perser kämpften sich, allerdings unter großen Verlusten, den Rückweg einigermaßen frei und konnten so der vollständigen Vernichtung entgehen. Die Griechen setzten den geschlagenen Persern nach und töteten wohl noch viele, bevor diese die rettenden Schiffe erreichten. Sieben der Schiffe gelangten dennoch in die Gewalt der Griechen. Die Perser verloren in dieser Schlacht etwa 6000 Mann, während die Griechen nur knapp 200 Tote zu beklagen hatten. Das athenische Heer soll nach der Schlacht eiligst nach Athen marschiert sein, um die Stadt vor einem weiteren Angriff der Perser zu schützen. Ein solcher erfolgte jedoch nicht.

Der aus einem Stück Bronzeblech kunstvoll getriebene korinthische Helm war im 5. Jahrhundert v. Chr. unter den griechischen Hopliten weit verbreitet.

### Antiker Wehrdienst – Die Hopliten

Die Heere der griechischen Stadtstaaten waren während des 5. Jh. v. Chr. hauptsächlich aus schwer gerüsteten Hopliten gebildet. Zum Kriegsdienst waren die vollberechtigten Bürger verpflichtet, die sich – zumindest teilweise – auch ihre Ausrüstung selbst beschafften. Diese Infanteristen kämpften in einer geschlossenen Schlachtordnung (Phalanx). Sie verdankten ihre Bezeichnung ihrem großen, schweren Rundschild (griech. *aspis/hoplon*). Daneben wurde ihr Körperschutz durch den mit Rosshaar geschmückten Bronzehelm (oft korinthischen Typs), einen gelegentlich mit Bronzeschuppen verstärkten Leinenpanzer und Beinschienen aus Bronze vervollständigt. Als Waffen führten sie eine kurze Lanze und ein eisernes Kurzschwert.

# 3

# Die hölzernen Mauern –
# Die Schlacht bei Salamis 480 v. Chr.

**Das von Perserkönig Xerxes I. im Jahr 480 v. Chr. nach Griechenland geführte Heer blieb zwar zunächst siegreich, doch die Entscheidung über die Zukunft des Landes fiel auf See. Vor Salamis wurde die persische Flotte durch die taktisch überlegenen Griechen vernichtet.**

Nachdem es seinem Vater, dem Perserkönig Dareios I., nicht gelungen war, Griechenland zu erobern, unternahm sein Nachfolger Xerxes I. im Jahr 480 v. Chr. einen erneuten Versuch. Mit einem großen Heer – dessen Stärke bis heute jedoch weit überschätzt wird – setzte er über den Hellespont und drang in Griechenland ein. Nach der siegreichen Überwindung der Thermopylen, einer strategisch wichtigen Engstelle zwischen dem Kallidromosgebirge und dem Meer, lag Griechenland den Persern nahezu ungeschützt zu Füßen. Die griechischen Städte versuchten am Isthmos von Korinth eine zweite Verteidigungslinie aufzubauen, während Athen von seiner Bevölkerung verlassen wurde. Themistokles, der athenische Staatsmann und Stratege, hatte einige Jahre zuvor ein Flottenbauprogramm durchgeführt. Ihm war klar, dass der Sieg über die Perser nur auf See zu erzwingen war. Daher stellten die Athener mit 150 Schiffen auch den größten Teil der insgesamt etwa 300 Schiffe starken griechischen Flotte, die im Sund von Salamis lag. Die Flotte des persischen Großkönigs, die u. a. aus phönizischen, ägyptischen, ionischen und zyprischen Schiffen bestand, war mit den Seeleuten dieser Regionen, aber auch mit persischen Kriegern bemannt und umfasste um die 450 Schiffe.

*Griechische Trieren im Seekampf. Bei bevorstehenden Seeschlachten legte man die dabei hinderlichen Masten der Schiffe nieder und verließ sich nur auf den Antrieb durch die Ruder.*

Themistokles kannte die maritimen Verhältnisse des Gebiets und wollte die feindliche Flotte unbedingt hier zum Kampf stellen. Daher schickte er König Xerxes eine geheime Botschaft, in der er ihm fälschlicherweise mitteilte, dass die griechische Flotte die Flucht vorbereite. Dieser reagierte prompt in der gewünschten Weise, indem er sein ägyptisches Geschwader die westliche Meerenge zwischen der Insel Salamis und dem Festland abriegeln ließ. Gleichzeitig brachte er seine Flotte an der östlichen Meerenge in Position, sodass eine Flucht unmöglich wurde. Mitte oder Ende September des Jahres 480 v. Chr. setzte das korinthische

Kontingent die Segel und fuhr in einer vorgetäuschten Flucht in Richtung der westlichen Meerenge. Die persische Flotte folgte ihr sofort in den engen Kanal, der das Manövrieren dieser großen Masse erheblich erschwerte. Das auf Seiten der Perser kämpfende ionische Geschwader sah sich plötzlich einem Hinterhalt gegenüber, als aus einer engen Bucht der Insel Salamis ein Teil der griechischen Flotte in dessen Flanke fiel. Gleichzeitig rückte die griechische Hauptmacht vor in den Kampf. Mit der nach Norden ausgerichteten Front standen auf dem rechten Flügel das Geschwader vom Peloponnes, auf dem linken die Athener. Vor ihnen befanden sich nach Süden blickend die Phönizier, deren Admiral gleich zu Beginn der Schlacht fiel.

Relief eines persischen Speerkämpfers, 5. Jahrhundert v. Chr., am Palast des persischen Königs Dareios I. in Persepolis

Wahrscheinlich vollführten die Athener durch das Umfahren der kleinen Insel Agios Georgios einen Flankenstoß, der die für Xerxes kämpfenden Phönizier in schwere Bedrängnis brachte. Die persische Schlachtlinie geriet zunehmend in Verwirrung, ein aufkommender Südwind tat das Übrige. Trotz heftiger Gegenwehr wird die persische Flotte zur Flucht gezwungen, was ihr aber in dem Durcheinander aus sich gegenseitig den Weg versperrenden Schiffen nicht gelingt. Die Griechen können bei einem Verlust von nur 40 eigenen Schiffen gut 200 feindliche Fahrzeuge vernichten, die übrigen können gerade noch entkommen. Damit war das persische Vordringen in Griechenland zunächst gestoppt. Ein Jahr später errangen die Griechen den endgültigen Sieg bei Platää.

## Griechische Seekriegstaktik

Die Griechen hatten für den Seekampf unterschiedliche Angriffs- und Verteidigungstaktiken entwickelt. Bei einer als *periplus* bezeichneten Taktik sollten die Schiffe des Gegners an den Flanken umfahren werden, um sie dann seitlich rammen zu können. Zu diesem Zweck wich die eigene Flotte etwas zurück, während die Schiffe an den Seiten ausscherten und dem angreifenden Gegner in die Flanke fielen. Gleichzeitig dazu erfolgt der Angriff der übrigen Flotte. Diese Taktik wandten die Griechen bei Salamis an. Eine Verteidigungsmöglichkeit bildete der Kreis (*kyklos*). Dazu bildeten alle Schiffe eine kreisförmige Formation, wobei sie ihren Rammsporn nach außen richteten.

»Die meisten feindlichen Schiffe wurden bei Salamis zerstört, teils von den Athenern, teils von den Aigineten. Denn die Hellenen kämpften mit großer Geschicklichkeit und hielten sich in Reih und Glied ... Dabei waren und zeigten sich die Barbaren an diesem Tage weit tapferer als bei Euboia. Jeder tat sein Bestes und fürchtete sich vor Xerxes, denn er glaubte, dass der König gerade auf ihn schaue.«
Herodot, antiker Historiker

# 4 Bis zum Ende der Welt – Die Schlacht bei Gaugamela 331 v. Chr.

**Der Zug Alexanders des Großen stellt eine der größten militärischen Leistungen der Weltgeschichte dar. In der Führung der Schlacht bei Gaugamela zeigte sich Alexander als militärisches Genie, das die Beweglichkeit seiner Reiterei mit den festgefügten Formationen seiner Phalanx geschickt kombinierte und so einen überwältigenden Sieg davontrug.**

Idealisierte Darstellung Alexanders des Großen auf dem sogenannten Alexandersarkophag. Der für seinen Wagemut bekannte Herrscher führte seine Truppen in allen Schlachten persönlich an und geriet dabei einige Male in Lebensgefahr.

Nachdem sich der makedonische König Alexander zum unumstrittenen Herrscher Griechenlands gemacht hatte, brach er 334 v. Chr. zu einem »Rachefeldzug« gegen die Perser auf, die vor eineinhalb Jahrhunderten in Griechenland einmarschiert waren und Athen zerstört hatten. Alexander überschritt mit etwa 35 000 Mann den Hellespont und drang nach Kleinasien vor. Er schlug die Perser am Granikos und bei Issos und zog dann weiter nach Ägypten, das er ebenfalls eroberte. Zuvor hatte er bereits das Angebot des Perserkönigs Dareios III. abgelehnt, ihm alle Gebiet westlich des Euphrat freiwillig abzutreten.

331 v. Chr. zog Alexander mit seinem Heer von Ägypten aus nach Osten, überschritt Euphrat und Tigris und traf in der Ebene von Gaugamela (nordwestlich von Erbil, Nordirak) auf seinen Gegner, der ihn mit einem Heer von etwa 80 000 Mann erwartete. Das rund 40 000 Mann starke makedonisch-griechische Heer hatte seit der Zeit der Perserkriege eine deutliche Entwicklung hinter sich, die eine neuartige, flexible Art der Kriegsführung ermöglichte. Die makedonische Phalanx mit ihren 5,5 Metern langen Lanzen war wesentlich leichter gerüstet und hatte kleinere Schilde als die Phalanx der »klassischen Zeit«. Leichte Truppen wie z.B. Speerwerfer und Bogenschützen spielten eine deutlich größere Rolle auf dem Schlachtfeld, und auch die gepanzerte Kavallerie stellte eine von den Makedoniern eingeführte Neuerung dar. Der Perserkönig setzte vor allem auf seine starke gepanzerte Kavallerie, die sich zu einem großen Teil aus den Steppenvölkern aus den Gebieten des östlichen Iran zusammensetzte. Darüber hinaus verfügte er noch über die berühmten Sichelwagen und einige Kriegselefanten.

Alexander stellte sein zahlenmäßig unterlegenes Heer in einer schiefen Schlachtordnung auf und bildete – völlig neuartig – ein zweites Treffen, das bedrängten Abschnitten zu Hilfe eilen oder einen rückwärtigen Angriff abfangen konnte. Die Perser griffen zunächst den von leichter Kavallerie und

»... und so kam es zu einem großen Reiterkampf, in dem mehr von Alexanders Männern fielen, doch nicht nur wegen der großen Zahl der Barbaren, sondern auch weil die Skythen selbst und auch ihre Pferde besser durch ihre Panzer geschützt waren ...«
*Arrian, Alexandergeschichte*

Das berühmte Alexandermosaik zeigt das Aufeinandertreffen Alexanders des Großen mit seinem Feind Dareios III. während der Schlacht von Issos. Auch bei Gaugamela trug die Flucht des persischen Königs entscheidend zur Niederlage seines Heeres bei.

Infanterie gedeckten rechten Flügel Alexanders mit ihrer schweren Kavallerie an und drängten ihn zurück. Die eingreifenden Phalanxabteilungen konnten jedoch die Lage stabilisieren. Die persischen Sichelwagen wurden mühelos von den leichten Truppen außer Gefecht gesetzt, doch die gesamte Masse der persischen Kavallerie drang nun auf den makedonischen linken Flügel ein, der schwer in Bedrängnis geriet.

Dann brach ein Teil der persischen Reiter durch eine Lücke der Phalanx in Richtung des dahinter stehenden Trosses durch. Anstatt die Phalanx von der verwundbaren Seite anzugreifen, beabsichtigten sie eine Plünderung des Trosses, wurden aber abgewehrt. Alexander selbst stieß mit seinen »Kampfgefährten«, einem Eliteregiment schwerer Kavallerie, durch die Lücke am persischen linken Flügel und schwenkte hinter den feindlichen Linien in den Rücken des persischen rechten Flügels. Damit war die Schlacht entschieden, König Dareios III. floh und wurde bald darauf ermordet. Alexander setzte seinen Zug bis nach Indien fort und wurde Herrscher über den von nun an griechisch geprägten Orient.

### Die »Kampfgefährten« – Alexanders Elitekavallerie

Die »Kampfgefährten« stellten in Alexanders Armee das vornehmste Regiment dar. Die Mitglieder rekrutierten sich aus der Jugend des makedonischen Adels. Die Reiter waren gepanzert und führten als Waffe eine Lanze und ein Schwert. Dies zeigt, dass sie als schwere Kavallerie fungierten. Das Regiment war in acht Schwadronen zu je 200 Mann aufgeteilt, wobei die erste die »Königliche Schwadron« bildete. Diese hatte mit 400 Mann die doppelte Stärke einer einfachen Schwadron und fungierte gleichzeitig als Vorhut. Jede der übrigen sieben Schwadronen war nach ihrem jeweiligen Kommandeur benannt; die Mannschaften stammten jeweils aus einer bestimmten Region Makedoniens.

# 5 Rom am Rand des Abgrunds – Die Schlacht von Cannae 216 v. Chr.

**Der karthagische Feldherr Hannibal fügte in dieser, von ihm brillant geplanten und geführten Schlacht den Römern eine katastrophale Niederlage zu. Trotz des überwältigenden Sieges war Hannibal der endgültige Triumph über Rom jedoch nicht vergönnt.**

Mit dem politischen Aufstieg der einstmals unbedeutenden Stadt Rom zu der in Italien vorherrschenden Macht war auch ein Ausgreifen Roms in den übrigen Mittelmeerraum verbunden. Auf Sizilien hatte unterdessen seit dem 4. Jahrhundert v. Chr. Karthago seinen Einfluss im Kampf gegen die dortigen griechischen Städte immer weiter ausgedehnt, und es war nur eine Frage der Zeit, bis ein Konflikt mit Rom drohte.

Auslöser war schließlich ein Söldneraufstand auf Sizilien. Rom intervenierte auf der Seite Siziliens und befand sich somit im Krieg mit Karthago um die Vormachtstellung auf der Insel. Karthago erlitt in diesem Ersten Pu-

---

**Hannibal – Ein Leben gegen Rom**

Hannibal war ohne Zweifel einer der bedeutendsten Heerführer der Antike, der durchaus gleichberechtigt neben Alexander dem Großen und Cäsar gesehen werden kann. Der spätere Feldherr Hannibal wurde um 247/246 in Karthago als Sohn des Feldherrn Hamilkar Barkas geboren und entstammte somit einer der politisch führenden Familien Karthagos. Bereits im Alter von zehn Jahren befand er sich ab 237 v. Chr. in Spanien, wo er im Heerlager seines Vaters aufwuchs. Im Alter von nur 26 Jahren wurde er vom Heer zum Oberbefehlshaber ausgerufen. Nach dem verlorenen Krieg gegen die Römer kehrte Hannibal nach Karthago zurück, wo er das Amt eines Sufeten (oberster Regierungsbeamter) annahm. Von den Römern verfolgt, kam er schließlich an den Hof des Königs Prusias von Bithynien in Kleinasien. Prusias wurde von den Römern zur Auslieferung Hannibals gezwungen, und als dieser keinen Ausweg mehr sah, nahm er sich 183 v. Chr. das Leben. Damit gehört Hannibal, der bei allem persönlichen Einsatz und Können letztendlich zum Scheitern verurteilt war, zu den großen tragischen Figuren der Weltgeschichte.

**Die Schlacht am Ticinus war nach der Alpenüberquerung Hannibals das erste Gefecht zwischen Römern und Karthagern auf italischem Boden.**

nischen Krieg (264 – 241 v. Chr.) eine Niederlage und musste Sizilien vollständig räumen. Karthago verlegte seine Interessensphäre auf die Iberische Halbinsel, um sich dort schadlos zu halten, doch schon bald kam es zu einer neuen Auseinandersetzung mit Rom. 219 v. Chr. machte sich der karthagische Feldherr Hannibal an die Eroberung der Stadt Sagunt. Obwohl sich Sagunt in dem mit den Römern vereinbarten Einflussbereich der Karthager befand, unterhielten die Römer freundschaftliche Beziehungen mit Sagunt und betrachteten den Angriff als Kriegsgrund. Dies war der Beginn des Zweiten Punischen Krieges, der von 218 bis 201 v. Chr. andauerte.

Hannibal war sofort klar, dass er den Krieg in das Herzland des Feindes, nach Italien tragen musste. Sein Kriegsziel bestand jedoch nicht in der vollständigen Vernichtung Roms, sondern der Auflösung des römisch-italischen Bundesgenossensystems, mit dessen Hilfe Rom seine Macht aufrechterhielt. 218 v. Chr. begann der Marsch Hannibals mit etwa 50 000 Mann Infanterie und 10 000 Kavalleristen sowie 37 Kriegselefanten in Richtung Norditalien. Über die Pyrenäen führte der Weg Hannibals nach Südfrankreich, wo er die Rhône überquerte und dann über die Alpen nach Norditalien einfiel. Obwohl Hannibal beim Alpenübergang Kämpfe mit keltischen Stämmen zu bestehen hatte, waren seine Verluste wohl nicht so zahlreich wie oft angenommen. In Norditalien angekommen, schlossen sich ihm nach den ersten Siegen über die Römer die dortigen keltischen Stämme an, sodass er seine Verluste durch kampfkräftige Krieger halbwegs ausgleichen konnte.

217 v. Chr. schlug der weiter in Richtung Süden vorgedrungene Hannibal die Römer am Trasimenischen See unter Einsatz eines taktisch brillianten Manövers vernichtend.

Das Ziel Hannibals war jedoch kein direkter Angriff auf Rom, sondern Süditalien. Dort wollte er die römischen Bundesgenossen abwerben, um so seine Streitmacht zu verstärken und eine Versorgungsbasis aufzubauen. Nach der Schlacht am Trasimenischen See verfolgten die Römer zunächst eine Defensivstrategie, doch die Verwüstungen, die Hannibals Armee verursachten, führten in Rom zu einem Umdenken. Im Frühjahr 216 v. Chr. traten die beiden Konsuln Aemilius Paullus und Terentius Varro ihr Amt an und zogen dem bei Cannae in Apulien stehenden Hannibal entgegen. Die Römer hatten acht Legionen aufgeboten, dazu kamen die Truppen der Bundesgenossen, zusammen etwa 80 000 Mann sowie etwa 6000 Mann Kavallerie. Dies stellt eines der größten Heere der gesamten römischen Geschichte dar.

Das karthagische Heer setzte sich hingegen nur aus etwa 40 000 Mann Infanterie und 10 000 Mann Kavallerie zusammen. Über Kriegselefanten verfügte Hannibal schon lange nicht mehr, denn diese hatten entweder den Marsch über die Alpen oder den folgenden Winter nicht überstanden. Am 2. August 216 v. Chr. standen sich beide Heere auf der nicht besonders großen Ebene bei Cannae gegenüber. Die Römer beabsichtigten mit ihrer zahlenmäßig überlegenen, tief gestaffelten Infanterie das Zentrum Hannibals zu durchbrechen. Auf dem rechten römischen Flügel stand die römische Kavallerie, auf dem linken die der Verbündeten. Hannibal hatte sein aus Spaniern und Kelten gebildetes Zentrum halbmondförmig nach vorne gezogen, während an beiden Flanken etwas versetzt nach hinten die schwere afrikanische Infanterie stand. Den linken Flügel bildete die schwere spanische und keltische, den rechten Flügel die leichte numidische Kavallerie. Vor den Schlachtlinien der beiden Seiten standen leichte Truppen, die mit dem Schleudern von Steinen und Wurfspeeren den Kampf eröffneten.

Dann griff Hannibals schwere Kavallerie die Reiterei der Römer an, während die römische Infanterie auf das Zentrum Hannibals vorrückte. Auf dem rechten Flügel der Karthager hielten die leichten numidischen Reiter die römische Bundesgenossenkavallerie in ein hinhaltendes Gefecht verwickelt. Die Römer drückten mit ihrer Übermacht das karthagische Zentrum langsam nach hinten, und dies lag genau in der Absicht Hannibals. Es wird wohl ewig ein Rätsel bleiben, wie Hannibal es schaffte, die für ihr eigenmächtiges

»Aber sobald die iberische und die keltische Kavallerie auf die Römer stieß, begann die Schlacht, und zwar nach Art der Barbaren, denn es erfolgte nicht der übliche formale Vormarsch und Rückzug. Denn als es zum Nahkampf kam, stürzte sich jeder auf einen Gegner und sie sprangen von den Pferden um zu Fuß weiterzukämpfen ...«
Polybios, *Historíai*

Handeln und vorschnelles Losschlagen bekannten Kelten dermaßen zu disziplinieren, dass sie weder am Beginn der Schlacht aus den Reihen ausscherten noch während des Zurückgehens die Ordnung auflösten. Mittlerweile hatte die schwere Kavallerie Hannibals die römischen Reiter vom Schlachtfeld verjagt und, anstatt diese zu verfolgen, einen Schwenk nach rechts durchgeführt. Sie bewegte sich hinter der römischen Schlachtlinie vorbei und fiel dann der Bundesgenossenkavallerie in den Rücken. Diese floh, verfolgt von den leichten numidischen Reitern, ebenfalls vom Schlachtfeld. Die römische Infanterie hatte die karthagische Schlachtlinie nach hinten verdrängt, doch gleichzeitig ging die an den beiden Flügeln postierte schwere afrikanische Infanterie nach vorn und nahm die Römer von zwei Seiten in die Zange. Karthagische leichte Truppen bewegten sich nun in den Rücken der Römer, die zusätzlich ebenfalls von hinten durch die schweren keltischen und spanischen Reiter angegriffen wurden. Damit war jede Flucht unmöglich geworden und der eiserne Ring um die Römer zog sich gnadenlos zu.

Die Verluste der Römer waren furchtbar, sie hatten fast 50 000 Gefallene – darunter auch der Konsul Aemilius Paullus und zahlreiche hohe Offiziere – zu beklagen und verloren Tausende von Gefangenen, während die Karthager nur etwa 6000 gefallene Krieger zu verzeichnen hatten. Obwohl diese vernichtende Niederlage für Rom eine Katastrophe darstellte, konnte Hannibal die Früchte seines Sieges nicht ernten. Für einen direkten Angriff auf Rom war er zu schwach, und die meisten Bundesgenossen hielten Rom auch weiterhin die Treue. Das unbeugsame Rom stellte neue Truppen auf und suchte die Entscheidung auf dem spanischen Kriegsschauplatz. Obwohl sich der Krieg in Süditalien noch jahrelang hinzog, musste Hannibal Italien schließlich 203 v. Chr. ergebnislos verlassen und wurde ein Jahr später bei Zama in Afrika von den Römern geschlagen.

Das auf dem Schlachtfeld von Cannae in Apulien errichtete bescheidene Denkmal lässt nicht auf den ersten Blick erkennen, dass sich hier eine der berühmtesten Schlachten der Weltgeschichte abgespielt hat.

# 6 Cäsar unterwirft Gallien – Die Schlacht von Alesia 52 v. Chr.

**Der Gallische Krieg ist dank des von Cäsar selbst verfassten gleichnamigen Werks einer der bekanntesten Kriege der Antike. Cäsars Gegner Vercingetorix verfügte zwar über die strategischen Fähigkeiten, um Cäsar gefährlich zu werden, doch schließlich erwies sich die römische Disziplin der gallischen Tapferkeit als überlegen.**

In einem jahrelangen, hart geführten Feldzug hatte Gaius Julius Cäsar seit 58 v. Chr. die auf dem Gebiet des heutigen Frankreichs siedelnden gallischen Stämme nach und nach der römischen Macht unterworfen. Doch sobald die Gallier nur die geringste Gelegenheit sahen, das römische Joch abzuwerfen, entbrannten immer wieder Aufstände, die von den Römern mit Waffengewalt niedergeschlagen wurden. 52 v. Chr. trat mit dem aus dem zum Stamm der Arverner gehörenden Fürsten Vercingetorix ein gallischer Anführer hervor, der in der Lage war, die zerstrittenen gallischen Stämme weitgehend zu einigen. Die dadurch entfachte großangelegte Erhebung erfasste schließlich das ganze Land.

Als Cäsar die Nachricht von der gallischen Erhebung erhielt, eilte er von Oberitalien sofort nach Gallien, um dort das Oberkommando zu übernehmen. Der Widerstand war hart, und bei der Belagerung der Stadt Avaricum mussten die Römer die gesamte Bandbreite ihrer ausgeklügelten Belage-

## Die Feldbefestigungen von Alesia

Die schon von Napoleon III. durchgeführten Ausgrabungen bei Alesia brachten die Überreste des von Cäsar genau beschriebenen Belagerungsrings zum Vorschein. Diese bestanden aus fast 4 m hohen Erdwällen mit Holzpalisade, die von Holztürmen überragt wurden. Davor verliefen ein doppeltes Grabensystem von etwa 4 m Breite und 2,5 m Tiefe. Diesem wiederum waren zum Teil unsichtbare Annäherungshindernisse wie Gräben mit angespitzten Pfählen sowie Fallgruben mit spitzen Hölzern und eisernen Fußangeln vorgelagert. Bereits die Überwindung dieser vorgelagerten Hindernisse kostete die zusätzlich dem Beschuss von den Wällen her ausgesetzten Gallier schwere Verluste, noch bevor es zum eigentlichen Nahkampf kam.

Der gallische Anführer Vercingetorix legte seine Waffen Cäsar zu Füßen. Dieser zeigte sich dem Gallier gegenüber allerdings nicht großmütig und ließ ihn später hinrichten.

rungskunst einsetzen, um diese zu erobern. Vercingetorix hatte mittlerweile in der Stadt Gergovia Stellung bezogen und Cäsar begann, die Stadt zu belagern. Er konnte sie dank der von Vercingetorix geschickt geführten Verteidigung jedoch nicht einnehmen, was für die Römer einer schweren Niederlage gleichkam. Cäsar zog immer mehr Truppen zusammen und warb auch germanische berittene Hilfstruppen an, sodass sich Vercingetorix in die Stadt Alesia (nahe Dijon) zurückzog. Cäsar umgab die Stadt mit einem insgesamt etwa 36 Kilometer langen doppelten Ring aus Feldbefestigungen, die sowohl gegen die Stadt als auch nach außen gerichtet waren, um einem Ausfall wie einem Entsatzheer die Stirn bieten zu können.

Kurz vor Schließung des Belagerungsrings durchbrachen die gallischen Reiter die römischen Linien, um die Aufstellung eines Entsatzheeres zu organisieren. Die Zahlen, die allein für die Gesamtstärke des gallischen Entsatzheeres meist genannt werden – bis zu 250 000 Mann –, sind völlig utopisch. Cäsar verfügte etwa über 60 000 Mann, und viel mehr dürften auch die Gallier insgesamt wohl nicht aufgeboten haben. Unabhängig voneinander vorgetragene Angriffe aus der Stadt scheiterten zunächst ebenso wie die ersten Durchbruchsversuche des mittlerweile eingetroffenen Entsatzheeres. Dann entdeckten die Gallier am Berg Rea einen schwachen Punkt in der Belagerungslinie. Das Entsatzheer konzentrierte sich dort und ging zum Sturm auf die Befestigung über. Gleichzeitig griffen die aus Alesia kommenden Krieger auf der diesem Punkt gegenüberliegenden Stelle des inneren Belagerungsrings unter Führung von Vercingetorix an. Dem Entsatzheer gelang fast der Durchbruch, als ein kühner Gegenangriff der Römer den Galliern in die Flanke fiel und diese zurückweichen mussten. Der Versuch, Alesia zu befreien, war damit endgültig gescheitert, und Vercingetorix musste die Übergabe anbieten. Der gallische Widerstand war somit praktisch endgültig gebrochen; Vercingetorix wurde 46 v. Chr. hingerichtet.

»Die Gallier schickten Gesandte zu Cäsar, um darüber zu entscheiden. Er befahl ihnen die Waffen niederzulegen und ihre Anführer auszuliefern. Er ließ sich vor seinen Linien nahe des Lagers nieder und die gallischen Anführer werden zu ihm gebracht. Die Gallier übergeben Vercingetorix und legen ihre Waffen nieder ...«
Julius Cäsar, *Gallischer Krieg*

# 7 Ein Traum zerbricht – Die Schlacht bei Actium 31 v. Chr.

**Neben der vielgerühmten Schönheit der Königin Kleopatra VII. wird oft vergessen, dass sie in erster Linie eine machtbewusste Herrscherin war, deren Ziel die Erhaltung eines von Rom weitgehend unabhängigen Ägypten war. Doch ihre Niederlage in der Seeschlacht bei Actium setzte diesem Traum ein Ende.**

Modell eines römischen Kriegschiffes. Diese kleinen Fahrzeuge dienten der Kontrolle von Flüssen. Die hochseetauglichen Schiffe waren ähnlich gebaut, doch natürlich um ein vielfaches größer.

Das vom griechischen Herrscherhaus der Ptolemäer regierte Ägypten war mit der Aufnahme des flüchtigen Pompeius endgültig in den Blickwinkel des Römischen Reiches gerückt. Rom beherrschte bereits fast den gesamten Mittelmeerraum und eine Annexion des reichen, aber militärisch schwachen Ägyptens war nur noch eine Frage der Zeit. Nach der Ermordung Cäsars hatte es Kleopatra verstanden, Marcus Antonius – als Mitglied des zweiten Triumvirats (zusammen mit Octavian und Lepidus) einer der mächtigsten Männer Roms – auf ihre Seite zu ziehen. In Octavian, dem späteren Kaiser Augustus, erwuchs ihm jedoch ein Widersacher, der zu Recht eine Abspaltung des erst vor Kurzem eroberten östlichen Mittelmeerraums unter der Herrschaft Marcus Antonius und Kleopatras fürchtete. Der nun ausbrechende Krieg wurde von Octavian bewusst »offiziell« nur gegen Ägypten geführt, um den Anschein eines Bürgerkriegs zu vermeiden.

Marcus Antonius stand mit seinen Truppen in Westgriechenland, um von hier aus nach Italien überzusetzen, wurde aber von Octavian überrascht, der seinerseits plötzlich in Griechenland erschien und im Hafen von Actium (am Ambrakischen Golf) die Flotte seines Gegners blockierte. Da Antonius Octavian auf dem Land nicht entscheidend schlagen konnte und er sich zunehmenden Versorgungsschwierigkeiten und Desertionen gegenübersah, musste er versuchen, mit der Flotte durchzubrechen.

Am 2. September 31 v. Chr. griff Antonius an. Er verfügte über etwa 200 Schiffe, Octavian führte 400 in die Schlacht. Der Vorteil der Flotte von Antonius lag in ihrer schweren Bewaffnung, während die Schiffe Octavians leichter, aber damit auch wendiger waren. Antonius hatte seine Flotte in drei Geschwader zu je zwei Reihen geteilt, von denen zwei einen rechten und einen linken Flügel bildeten; das dritte blieb in der Mitte unter dem Befehl Kleopatras samt der Kriegskasse weiter hinten zurück. Die Flotte des Antonius steht unter vollen Segeln, und auch der Wind ist anfangs günstig. Weiter draußen auf See hatte Octavian seine Flotte ebenfalls in zwei Reihen in

> »... Kleopatra erkannte ihn und ließ auf ihrem Schiff ein Signal aufziehen; daher kam Antonius heran und wurde an Bord genommen, doch beide sahen sich nicht. Stattdessen ging er alleine nach vorne an den Bug, setzte sich dort still nieder und hielt seinen Kopf mit beiden Händen bedeckt ...«
> Plutarch, *Leben des Antonius*

Das Treffen von Antonius und Kleopatra in Tarsus bildete den Auftakt für eine verhängnisvolle Beziehung aus Liebe und politischen Machtgelüsten, an deren Ende die Niederlage bei Actium stand.

Position gebracht, vermied aber den Kampf, um den Feind weiter auf die offene See zu locken. Gegen Mittag ließ Antonius den linken Flügel angreifen mit dem Ziel, eine Bresche zu schlagen. Dann griff auch Antonius selbst, der sich beim linken Flügel befand, an. Octavians Kommandeur Agrippa zog sich vor Antonius zurück, wendete aber plötzlich und umfasste in einer ausgedehnten Linie die rechte Flanke des Antonius. Dadurch riss die feste Schlachtordnung des Antonius auf und seine schweren Schiffe wurden zur Beute der zahlenmäßig überlegenen Angreifer, die sich zu mehreren auf einen Gegner stürzten.

Die weiter hinten stehende Kleopatra bemerkte die in der Mitte beider Schlachtlinien klaffende Lücke und segelte mit ihrem Geschwader samt anderen fliehenden Schiffen (insgesamt etwa 80) praktisch unbehelligt hindurch in Richtung Ägypten. Als Antonius dies sah, verließ er sein Kommandoschiff, stieg in ein leichtes schnelles Fahrzeug und floh ebenfalls. Damit war die Schlacht entschieden, der Rest von Antonius Flotte wurde zerstört oder ergab sich. Im Jahr darauf landete Octavian in Ägypten. Antonius und Kleopatra blieb keine Möglichkeit zur Gegenwehr, beide wählten den Freitod. Danach wurde Ägypten endgültig zur römischen Provinz.

### Deceren – Dreadnoughts der Antike

Die »Zehnruderer« gehörten zu den größten Kriegsschiffen der Antike. Sie hatten eine Länge von 50 m und wurden durch Ruderer bewegt. In drei übereinander gestaffelten Ruderbänken saßen jeweils zehn Männer. Diese waren jedoch keine Sklaven, sondern freie Seeleute. Zur Bewaffnung gehörten je ein Schlachtturm am Heck und am Bug, wo die meiste Gefahr durch Entern drohte, sowie einige Torsionsgeschütze (Katapulte). Bei Actium verfügte Antonius über einige dieser Riesenschiffe, das Gros seiner Flotte bildeten jedoch die »Fünfruderer«. Octavians Flotte hingegen bestand aus leichteren Fahrzeugen, wie z.B. Liburnen, und ebenfalls aus »Fünfruderern«.

# 8 Die Grenzen des Imperiums – Die Varusschlacht 9 n.Chr.

**Der früher auch als Schlacht im Teutoburger Wald bezeichnete Kampf stellte für Rom eine schwere Niederlage dar, bei der das Imperium drei Legionen verlor. Obwohl die Römer daraufhin noch einige Feldzüge nach Germanien führten, wurde dieses doch niemals zu einem Bestandteil des Römischen Weltreichs.**

Bereits Julius Cäsar war im Verlauf seines Feldzuges in Gallien in den Jahren 55 und 53 v. Chr. zwei Mal über den Rhein vorgestoßen, um die rechts des Rheins lebenden germanischen Stämme davon abzuhalten, weiter in Gallien einzudringen. Nach der Eroberung Galliens durch die Römer bildete zunächst der Rhein die Grenze zwischen dem römischen Gallien und den Germanen. Dennoch kam es immer wieder zu Übergriffen der Germanen. Ein 16 v. Chr. erfolgter Überfall der germanischen Sugambrer auf römisches Gebiet, bei dem eine römische Legion vernichtet worden war, machte die Notwendigkeit einer starken Grenzsicherung deutlich. 12 v. Chr. begann Drusus, der Statthalter Galliens und Stiefsohn von Kaiser Augustus, mit seinen Feldzügen über den Rhein nach Germanien, in deren Verlauf er bis an die Elbe vorstieß und einige Militärlager errichten ließ. Nach seinem Tod im Jahr 9 v. Chr. führte sein Bruder Tiberius die Feldzüge in Germanien fort. Auf ihn folgte 6 v. Chr. Lucius Domitius Ahenobarbus.

Da sich die Germanen teilweise unterwarfen oder Bündnisverträge mit Rom schlossen, schätzten die Römer die Situation anscheinend völlig falsch ein, indem sie Germanien praktisch als steuerpflichtige Provinz betrachteten. Um die Zeitenwende galt das gesamte Gebiet zwischen Rhein und Elbe als befriedet und bereit für eine Eingliederung in das Reich. Die Verhältnisse in Germanien stellten sich jedoch völlig anders dar als diejenigen, die zur Zeit der römischen Eroberung Galliens geherrscht hatten. In Germanien gab es keine städtisch geprägten Stammeszentren samt einem engmaschig über das ganze Land gespannten Netz wirtschaftlicher Verflechtungen, die erobert und kontrolliert werden konnten. Stattdessen war das Land in die jeweiligen Gebiete zahlreicher verfeindeter Stämme aufgeteilt, deren Bevölkerung verstreut in einfachen Dörfern und Weilern lebte. Diese mochten sich zwar für den Augenblick nach einer Niederlage gegen eine römische Truppen ruhig verhalten, doch nur, um nach deren Abzug sofort wieder eine feindliche Haltung einzunehmen.

Im Jahr 7 n. Chr. übernahm Publius Quintilius Varus den Oberbefehl in Germanien und machte sich daran, das Land in eine römische Provinz umzuwandeln. Dies schürte, zusammen mit der Einführung römischer Gesetze, die Angst der germanischen Oberschicht, ihre Machtstellung zu verlieren. Widerstand begann sich zu formieren. Die treibende Kraft war Arminius, ein Fürst des Stammes der im Wesergebiet lebenden Cherusker. Arminius hatte gute Beziehungen zu Rom, war in römischen Militärdiensten gestanden und Träger der römischen Ritterwürde. Somit kannte er die römische Strategie und Taktik und auch deren Schwächen. Bei den germanischen Führern herrschte keine Einigkeit hinsichtlich der Beziehungen zu Rom, es gab auch einige Fürsten, die sich der geplanten Aufstandsbewegung nicht anschlossen. Zu den aufständischen Cheruskern stießen weitere Stämme, darunter die Marser, Brukterer und wohl auch die Chatten.

Die Erhebung war gut geplant, im Herbst des Jahres 9 n. Chr. befand sich Varus im Inneren Germaniens und machte sich in Richtung Westen auf, um ein festes Winterlager am Rhein zu beziehen. Während er sich mit drei Legionen (der *legio* XVII., XVIII. und XIX.), drei Alen (Reitereinheiten), sechs Kohorten Auxiliarinfanterie und einem großen Tross, zusammen etwa 25 000 Mann, aufmachte, wurde ihm eine fingierte Nachricht über einen in abgelegenem Gebiet stattfindenden Aufstand zugespielt. Varus verließ daher den ihm bekannten Weg und bewegte sich direkt in die ihm gestellte Falle. Das Wetter scheint schlecht gewesen zu sein, und das samt Tross auf eine Länge von etwa 20 Kilometern ausgedehnte Heer kam nur langsam in dem unwegsamen Gelände voran. Die Umgebung des Schlachtfeldes bestand wahrscheinlich nicht überall aus undurchdringlichem Urwald, sondern zum Teil auch aus urbar gemachtem, dünn besiedeltem Land. Sicher scheint je-

Nach einer fast 500 Jahre andauernden Suche scheint der Ort der Varusschlacht nun ziemlich sicher bei Kalkriese lokalisierbar zu sein. Das Bild zeigt die dortigen archäologischen Ausgrabungen im August 2009.

doch, dass die Römer während des schwierigen Marsches ihre gewohnten Marschformationen nicht einhalten konnten.

Dann schlug die Stunde der Germanen, die sich nadelstichartig an verschiedenen Stellen auf den Heereszug stürzten. Varus ließ den Tross verbrennen, um schneller voranzukommen, doch es nutzte nichts. Die pausenlosen Angriffe der germanischen Krieger setzten den ermüdeten Legionären immer mehr zu. Die germanischen Krieger waren in der Lage, sich beliebig an bestimmten Punkten zu sammeln, durch ihre örtliche zahlenmäßige Überlegenheit die Legionäre einzukreisen und niederzuhauen und sich wieder zurückzuziehen, sobald sich stärkerer Widerstand formierte. Vier Tage und drei Nächte sah sich die Marschkolonne den feindlichen Angriffen ausgesetzt. Während der ersten beiden Nächte konnten die Römer noch ein mit Feldbefestigungen umgebenes Lager errichten, dann begann sich das erschöpfte und dezimierte Heer aufzulösen.

Erst mit den seit 1987 gemachten Entdeckungen scheint das Schlachtfeld nördlich des Wiehengebirges am Fundplatz Kalkriese (nahe Osnabrück) lokalisierbar zu sein. Daher wird die Bezeichnung »Schlacht im Teutoburger Wald« heute durch den Begriff »Varusschlacht« ersetzt. Besonders interessant ist in diesem Zusammenhang eine neu entdeckte, in Ost-West-Richtung parallel zum Marschweg der römischen Truppen verlaufende 400 Meter lange Wallanlage nördlich der Kalkrieser Berger. Sie bestand aus Sand und Grassoden von etwa vier Metern Breite und zwei Metern Höhe und war oben von einer Brustwehr aus Holz bekrönt. Die Germanen gingen bei der Anlage ihrer Feldbefestigung sehr geschickt vor, da sie sich an der engsten Stelle zwischen dem Berg und dem nördlich davon gelegenen Moor befand. Das daran zwangsläufig vorbeiziehende Heer wurde auf dem ohnehin engen Weg dadurch noch weiter zusammengepresst und konnte sich weder formieren noch ausweichen. Es ist gut möglich, dass sich die an der Wallanlage abspielenden Kämpfe kurz vor der endgültigen Vernichtung des römischen Heeres ereigneten. Der verzweifelte Varus stürzte sich angesichts der Katastrophe in sein Schwert, diesem Beispiel folgten auch seine hohen Offiziere. Andere fielen im Kampf. Der Legat Numonius Vala versuchte, mit der Kavallerie durchzubrechen und zu fliehen, doch auch ihn ereilte das Schicksal seiner Kameraden. Einigen Angehörigen des Heeres gelang es, sich durchzukämpfen und das Geschehene zu berichten, doch die Zahl der Überlebenden war

»Mitten in dem freien Feld lagen die bleichenden Gebeine zerstreut oder in Haufen ... Dabei lagen Bruchstücke von Waffen und Pferdegeripppe, zugleich fanden sich an Baumstämme angenagelte Schädel. In den benachbarten Hainen standen die Altäre der Barbaren, an denen sie die Tribune und die hochrangigen Centurionen abgeschlachtet hatten ...«
Tacitus, *Annalen*

gering, das gesamte Heer war praktisch ausgelöscht.

Den Germanen fielen drei Legionsadler sowie die gesamte Ausrüstung der gefallenen Römer in die Hände. Das ganze Schlachtfeld wurde mit Sicherheit von den siegestrunkenen Germanen tagelang geplündert. Dieser schwere Schlag bedeutete das endgültige Ende der römischen Ambitionen rechts des Rheins. Auch Arminius konnte seinen Triumph nicht allzu lange genießen, interne Streitigkeiten und der Vorwurf der Machtkonzentration in seinen Händen führten schließlich um das Jahr 19 n. Chr. zu seiner Ermordung durch die eigene Verwandtschaft.

Die bei Kalkriese gefundene Gesichtsmaske gehörte zur Ausrüstung eines in der Schlacht gefallenen Römers. Mit derartigen Masken versehene Helme wurden von Offizieren der Kavallerie oder Feldzeichenträgern der Legionen getragen.

### Legionäre auf dem Marsch

Die römische Armee legte auf die Marschausbildung ihrer Männer größten Wert. Am wichtigsten war es, die Formation einzuhalten, denn dies galt als höchstes Sicherheitskriterium bei Bewegungen im Feindesland. Die Märsche wurden in einer speziellen, genau festgelegten Gangart durchgeführt, wobei die Legionäre mit Waffen, Panzer und Schild schwer bepackt waren. Die Vorhut wurde in der Regel von Kavallerie und leichter Infanterie gebildet. In schwierigem Gelände folgten die mit Werkzeugen versehenen »Pioniere«, um den Weg zu ebnen. Dann folgten die Legionen, jede mit ihrem eigenen Tross. An diese schlossen sich die übrigen Hilfstruppen an, weitere Kavallerie bildete die Nachhut.

# 9 Triumph der Goten – Die Schlacht bei Adrianopel 378

Die Einwanderung der Goten über die Donau verlief bald völlig unkontrolliert und so zogen immer mehr Menschen auf der Flucht vor den Hunnen auf römisches Gebiet. Der Holzstich aus dem 19. Jahrhundert trägt den Titel »Germanen auf der Wanderung«.

**Die Schlacht bei Adrianopel stellte für die Römer eine militärische Katastrophe dar, wie sie seit den Tagen Hannibals nicht mehr erlebt worden war. Noch schwerer als der Verlust an Truppen wog das mit der Niederlage einhergehende sinkende Prestige des Reiches.**

Nachdem Mitte des 4. Jahrhundert n. Chr. die Hunnen das Reich der Ostgoten in Südrussland zerstört hatten, drangen sie weiter in das Gebiet der westlich des Dnjestr siedelnden Westgoten vor und besiegten diese ebenfalls. Während sich ein Teil der Westgoten in die Karpaten zurückzog, wandte sich der andere Teil unter der Führung von Fritigern und Alavivus in Richtung des Oströmischen Reiches, um dort Schutz zu suchen. 376 gewährte ihnen – die Quellen sprechen von bis zu 200 000 Menschen – der oströmische Kaiser Valens die Erlaubnis, die Donau zu überschreiten und sich auf Reichsgebiet niederzulassen. Die örtlichen Behörden waren mit diesem Ansturm völlig überfordert, gleichzeitig gerieten die entwaffneten Goten in die Hände korrupter Beamter, die ihnen zu Wucherpreisen verdorbene Lebensmittel verkauften. Die Wut unter den Westgoten, zu denen sich zwischenzeitlich ebenfalls geflohene Ostgoten gesellt hatten, wuchs, und es kam zu ersten Auseinandersetzungen. Daraufhin bewaffneten sich die Goten mit römischen Beutewaffen. Sie erhielten weiteren Zulauf durch Deserteure, entflohene Sklaven und Arbeiter. Sengend und plündernd durch-

**Ammianus Marcellinus – Chronist der Spätantike**

Eine der wichtigsten Quellen zur spätantiken Geschichte und vor allem auch der Militärgeschichte stellt das Werk des Ammianus Marcellinus dar. Der 330 n. Chr. in Antiochia geborene Ammianus war selbst hoher Offizier und als solcher nicht nur Augenzeuge verschiedener Ereignisse, darunter die Belagerung von Amida, sondern auch Kenner des römischen Heeres der Spätantike. Als solcher hat er in seinem Geschichtswerk genaue Beschreibungen aller Bereiche des spätrömischen Heeres hinterlassen. Nach seinem Abschied aus dem aktiven Militärdienst verfasste er sein Werk *Res Gestae*, das aber nur in Teilen erhalten ist. Ammianus starb um 395 n. Chr.

Fritigern bittet in dieser fiktiven Szene den ost-römischen Kaiser Valens um Aufnahme der Goten in das Reich. In Wirklich-keit hatten römische Beamte das Übersetzen der Germanen über die Donau zu überwachen.

zog diese Heerschar die Provinz Thrakien und bestand siegreich einige Kämpfe gegen die ausgesandten römischen Truppen.

Nun griff Kaiser Valens persönlich ein, um die außer Kontrolle geratene Situation zu meistern. Ohne die Hilfe aus dem Westen abzuwarten und in Unkenntnis der wahren Stärke der Goten, die weiteren Zuzug von Hunnen und Alanen erhalten hatten, stellte Valens die Goten am 9. August des Jahres 378 nordöstlich von Adrianopel zur Schlacht. Die Goten hatten auf einer Anhöhe eine Wagenburg errichtet, und Fritigern war völlig überrascht vom plötzlichen Auftauchen der etwa 40 000 Mann starken kaiserlichen Armee. Die Stärke des gotischen Heeres kann nur geschätzt werden, vermutlich handelte es sich um maximal 30 000 Krieger. Fritigern sah sich dem Problem gegenüber, dass seine gesamten berittenen Krieger dabei waren, das Umland nach Lebensmitteln abzusuchen. Er ließ daher das trockene Gras in Brand setzen, um den Vormarsch der Römer zu verlangsamen.

Valens hatte mittlerweile seine Truppen vor der Anhöhe in Stellung gebracht. In der Mitte stand die schwere, davor die leichte Infanterie. An den beiden Flügeln befand sich die Kavallerie. Die leichte Infanterie begann, gefolgt von der Kavallerie des linken Flügels, in Richtung der Wagenburg zu stürmen, wurde dort aber abgewehrt und von den nachsetzenden Goten verfolgt. Diese trafen dann auf das linke Zentrum der schweren römischen Infanterie und setzten ihr schwer zu, während sie die zurückgehende römische Kavallerie weiter abdrängten. Zum Unglück für die Römer tauchten nun die gotischen Reiter auf dem Schlachtfeld auf und fiel denselben in die Flanken. Die römische Kavallerie des linken Flügels wurde zerschlagen, die des rechten Flügels floh. Von der Wagenburg aus drangen weitere gotische Krieger von vorn auf die sich zusammenpressende eingeschlossene Masse der Römer ein.

Kaiser Valens wurde von Eliteregimentern geschützt, dennoch fiel er im Kampf wie die meisten seiner Soldaten. Seine Leiche wurde nie gefunden. Die Schlacht war schließlich zum Massaker ausgeartet. Dabei waren etwa 30 000 (oder mehr) römische Soldaten getötet worden, die Zahl der gefallenen Goten ist unbekannt. Die Westgoten hatten sich siegreich gegen die Römer behauptet.

»... als sich der Kampf wie Feuer ausbreitete und zahlreiche von ihnen [den Römern] von Pfeilen und Speeren durchbohrt waren, verloren sie den Mut. Dann trafen die gegnerischen Linien wie Kriegsschiffe aufeinander und schoben sich gegenseitig nach vorne und hinten ...«
Ammianus Marcellinus, *Res Gestae*

# Der letzte Triumph Roms –
# Die Schlacht auf den Katalaunischen
# Feldern 451

Der Hunnenkönig Attila erlitt in der Schlacht auf den Katalaunischen Feldern eine schwere Niederlage. Die Furcht der Römer vor der Übermacht ihrer germanischen Verbündeten rettete ihn allerdings vor der völligen Vernichtung (Kreidelithografie, 19. Jahrhundert).

**In dieser von Legenden umwobenen Schlacht schlug der weströmische Heermeister Aëtius zusammen mit seinen germanischen Verbündeten den gefürchteten Hunnenkönig Attila. Es war der letzte große Sieg des dem Untergang geweihten Weströmischen Reiches.**

Zu Beginn des 4. nachchristlichen Jahrhunderts hatte das aus Zentralasien in Richtung Westen vordringende nomadische Reitervolk der Hunnen das Reich der Ostgoten in Südrussland überrannt und damit die große germanische Völkerwanderung ausgelöst. Die Hunnen errichteten daraufhin in der ungarischen Tiefebene ein eigenes Herrschaftsgebiet, von wo aus sie ihre Raub- und Kriegszüge unternahmen. Dabei unterwarfen sie zahlreiche germanische Stämme und drangen immer wieder auf oströmisches Gebiet vor. Im Jahr 445 machte sich Attila nach der Ermordung seines Bruders Bleda zum Alleinherrscher der Hunnen und zwang den oströmischen Kaiser Theodosius II. zu Tributzahlungen. Als er aber Justa Grata Honoria, die Schwester des weströmischen Kaisers Valentinian III., zur Frau forderte (und mit ihr einen Großteil des Weströmischen Reiches als Mitgift), lehnte dieser ab.

Darauf antwortet Attila mit Krieg. Im Jahr 451 zog er mit einem gewaltigen Heer, dem auch zahlreiche Germanen angehörten, von der ungarischen Tiefebene in Richtung Gallien. Attila überschritt den Rhein, eroberte Metz,

**Attila – »Die Geißel Gottes«**

Die spätantiken Autoren malten von Attila ein Zerrbild, das sich bis in die heutige Zeit gehalten hat. Attila war jedoch ein typischer Steppenherrscher, der mit Sicherheit nicht viel grausamer als seine »zivilisierten« Zeitgenossen handelte. Priscus von Panium war vermutlich der einzige Autor, der Attila selbst gesehen hat. Priscus beschreibt ihn als Respekt gebietende Persönlichkeit, die selbst kleine Streitigkeiten unter seinem Volk persönlich, auf väterliche Weise schlichtete. Danach legte Attila auch wenig Wert auf äußeren Prunk, was sich in seiner schlichten Kleidung und dem Verzicht auf herrschaftliche Insignien zeigte.

Die Kriegszüge der aus Zentralasien kommenden Hunnen lösten die Völkerwanderung aus. Die wendige, reiterliche Kriegsführung der Hunnen machte sie zu schwer bezwingbaren Gegnern (Holzstich, 1891).

brannte die Stadt nieder und belagerte anschließend Orléans. Zur Abwehr der Gefahr war ein römisches Heer aufgeboten worden, das unter dem Oberbefehl des weströmischen Heermeisters Aëtius stand. Die römischen Truppen wurden durch starke Kontingente von germanischen Westgoten, Franken und Burgundern verstärkt, die zur Abwehr des gemeinsamen Feindes ein Bündnis geschlossen hatten. Auf den Katalaunischen Feldern, zwischen Châlons-sur-Marne und Troyes, kam es 451 zur Schlacht. Die Überlieferungen über den Verlauf der Schlacht sind zwar spärlich, doch erlauben sie eine einigermaßen stimmige Rekonstruktion der Geschehnisse.

Das Schlachtfeld befand sich auf einer am linken Ufer der Marne liegenden Ebene, die von einer nahe des Flusses gelegenen Anhöhe dominiert war. Aëtius bildete mit den Römern und Franken den linken Flügel seiner Schlachtlinie, in der Mitte befanden sich die als nicht sehr zuverlässig geltenden Alanen und auf dem rechten Flügel standen die Westgoten unter ihrem König Theoderich I. Bei der hunnischen Schlachtaufstellung bildeten die germanischen Gepiden den rechten Flügel, die Hunnen mit Attila selbst das Zentrum und die Ostgoten den linken Flügel.

Der neben dem rechten Flügel der hunnischen Schlachtlinie gelegene Hügel (seine genaue Lage ist nicht bestimmbar) war von strategischer Bedeutung und wurde von einem Teil der Westgoten und Römern eingenommen. Damit war eine der Flanken Attilas bedroht. Dieser ging mit seinen hunnischen Kerntruppen zum Angriff auf das von den Alanen gebildete römische Zentrum über. Die Alanen hielten wie erwartet nicht stand und wurden unter großen Verlusten zurückgedrängt. Offensichtlich plante Aëtius eine doppelte Flankenumgehung der hunnischen Schlachtlinie, und seine Westgoten griffen die ihnen gegenüberstehenden Ostgoten an.

Doch Attila konterte mit einem Schwenk nach links und stürzte sich auf die am rechten römischen Flügel stehenden Westgoten. Diese hielten stand, obwohl ihr König Theoderich fiel, und Attila musste den Rückzug in seine weiter hinten gelegene Wagenburg antreten. Aëtius ließ die Hunnen schließlich entkommen, wahrscheinlich weil er sie als politisch-militärisches Gegengewicht zu den übermächtig werdenden Germanen einsetzen wollte. Doch bereits ein Jahr später war Attila tot und sein Reich begann zu zerfallen.

»Wie Tiere, die keinen Verstand haben, kennen sie [die Hunnen] keinen Begriff von Ehre und Ehrlosigkeit, führen zweideutige und dunkle Reden und unterliegen keinem Einfluss von Ehrerbietung vor einer Religion oder auch nur einem Aberglauben. Doch brennen sie vor unmäßiger Begierde nach Gold.«
Ammianus Marcellinus

# 11 Karl Martell verteidigt Gallien – Die Schlacht von Poitiers 732

Karl Martell wurde in zahlreichen Darstellungen, hier ein Kupferstich aus dem 19. Jahrhundert, immer wieder als »Retter des Abendlands« gefeiert.

**Nach der Eroberung des westgotischen Spanien drangen die arabischen Heere immer wieder in Gallien ein. Durch den Sieg von Poitiers konnten die Franken den arabischen Streifzügen einen Riegel vorschieben und dann selbst ihre Macht über ganz Gallien ausdehnen.**

Während der zweiten Hälfte des 7. Jahrhunderts hatten islamische Heere mit unglaublicher Geschwindigkeit das gesamte Nordafrika erobert. Von dort aus setzten sie im Jahr 711 über Gibraltar in das von den Westgoten beherrschte Spanien über. Das dortige westgotische Reich war innerhalb kürzester Zeit vernichtet, und die Muslime errichteten ihre Herrschaft über einen Großteil der Iberischen Halbinsel. Danach drangen sie über die Pyrenäen in das noch von den Westgoten gehaltene Septimanien (Südfrankreich) vor und eroberten um 725 auch dieses Gebiet. Gleichzeitig durchzogen sie auf zahlreichen Raubzügen immer öfter das Herzogtum Aquitanien (Westfrankreich). Obwohl faktisch nahezu unabhängig, erhoben die Könige des Frankenreiches Anspruch auf Aquitanien, da es seit 507 ein Teil des Fränkischen Reiches war. Dort herrschten im Namen der machtlosen Merowingerkönige die Hausmeier (von lat. *maior domus* für Palastvorsteher).

Seit 717 hatte Karl Martell dieses Amt inne. Im Frühjahr 732 brach der arabische Feldherr Abd al-Rahman al-Ghafiqi mit einem aus Arabern und Berbern bestehenden Heer zu einem groß angelegten Kriegszug von Spanien nach Gallien auf. Ob er diese Gebiete wirklich erobern oder nur plün-

**Rettete Karl Martell das Abendland?**
Seit Langem wird der Sieg von Poitiers als rettendes Ereignis gesehen, das das christliche Abendland vor den aus Spanien vordringenden Muslimen bewahrt hat. Dies trifft jedoch nur zum Teil zu, da der Kriegszug Abd al-Rahmans wohl eher ein großangelegtes Beuteunternehmen als einen Eroberungsfeldzug darstellte. Ein Erfolg der Araber hätte aber durchaus dazu führen können, dass sie sich zumindest in einem Teil Galliens für länger hätten festsetzen können. Dies hätte wahrscheinlich tiefgreifende Folgen für die europäische Geschichte gehabt.

Der Sieg Karl Martells bei Poitiers gilt seit Langem als entscheidender Wendepunkt, bei dem das islamische Vordringen nach Frankreich endgültig gestoppt wurde.

dern wollte, ist jedoch bis heute fraglich. Herzog Eudes von Aquitanien trat ihm mit seinen Truppen gegenüber, wurde jedoch vor Bordeaux geschlagen. Daraufhin eroberten die Araber die Stadt und plünderten sie. Eudes erlitt eine zweite Niederlage und ersuchte Karl Martell um Hilfe. Das arabische Heer zog unterdessen weiter in Richtung Norden, wo es vor Poitiers die Kirche des Heiligen Hilarius plünderte. Abd al-Rahmans nächstes Ziel stellte die reiche Kirche des Heiligen Martin nahe Tours dar.

Karl befürchtete wohl auch eine Eroberung von Tours, das für die Araber als Basis für ein weiteres Vordingen auf fränkisches Gebiet hätte genutzt werden können. Er sammelte also ein Heer und erreichte Tours noch vor Abd al-Rahman. Es kam zu kleineren Gefechten mit der arabischen Vorhut, doch die Hauptmacht begann sich auf Poitiers zurückzuziehen und errichtete in der Nähe der Stadt ein befestigtes Lager. Karl und Eudes folgten mit ihren Truppen und nahmen in der Nähe Aufstellung. Ab dem 18. Oktober belauerten sich beide Heere gegenseitig, und während der folgenden Tage kam es zu kleineren ergebnislosen Gefechten. Am 25. Oktober nahm das fränkische Heer eine starke Defensivposition quer über die alte Römerstraße ein. Gegenüber hatten die Araber ihre Schlachtlinie aufgestellt und griffen die Franken an. Diese hielten stand und ließen von ihren Reitern in einem Umgehungsmanöver das hinter der feindlichen Aufstellung gelegene, fast unbewachte arabische Lager angreifen. Sie brachen in das Lager ein, konnten es aber nicht vollständig nehmen, da dort mittlerweile die arabische Nachhut erschienen war. Abd al-Rahman zog sein gesamtes Heer nun auf das Lager zurück, um dieses zu verteidigen, während die Franken nachsetzten und einen Großangriff durchführten. Bei diesem Angriff starb Abd al-Rahman.

Die Araber konnten das Lager zwar halten, verließen in der folgenden Nacht jedoch den Posten in Richtung Süden und ließen die gesamte Beute, die Gefangenen und die Zivilisten dort zurück. Mit der Eroberung Septimaniens im Jahr 759 durch die Franken war die Zeit der von Spanien aus geführten arabischen Einfälle endgültig vorüber.

»Im Jahr unseres Herrn 729 erschienen zum Schrecken der Betrachter zwei Kometen in der Bahn der Sonne … um zu zeigen, dass die Sterblichen bei Tag und Nacht von Unglück bedroht wären … Zu dieser Zeit brach eine schwere Plage über Gallien herein und zwar dergestalt, dass es von den Sarazenen mit grausamem Blutvergießen verwüstet wurde, doch nachdem sich diese noch nicht lange in diesem Land aufgehalten haben, erhielten sie den gebührenden Lohn für ihren Unglauben.«
Beda Vener

# 12 Das Ende der Not – Die Schlacht auf dem Lechfeld 955

**Die seit der ersten Hälfte des 10. Jahrhunderts immer wieder in Deutschland einfallenden Ungarn zogen das gesamte Land in Mitleidenschaft. Sie verursachten schwere materielle Schäden und schufen für die Bevölkerung ein Klima ständiger Bedrohung. Erst mit der vernichtenden Niederlageauf dem Lechfeld waren die Einfälle beendet.**

Das noch im Entstehen begriffene deutsche Königreich sah sich zu Beginn des 10. Jahrhunderts einer dramatischen, von außen kommenden Gefahr gegenüber: den Raubzügen der Ungarn. Das um 800 in den Steppen nördlich des Schwarzen Meeres lebende halbnomadische Volk der Ungarn (auch als Magyaren bezeichnet) war aus seinen Wohnsitzen verdrängt und nach Westen getrieben worden, wo es um 900 das damals nur dünn besiedelte Gebiet des heutigen Ungarn in Besitz nahm. Von dort aus führten die Ungarn in der ersten Hälfte des 10. Jahrhunderts Kriegs- und Beutezüge nach Italien, Frankreich, in das Byzantinische Reich und vor allem auch nach Deutschland.

Im Jahr 936 war König Otto I. seinem Vater auf den Thron gefolgt. Er beschloss, die immer wieder in Deutschland eindringenden Ungarn endgültig zu bezwingen. Bereits im Juli 955 fiel erneut ein großes ungarisches Heer in Bayern ein, das ab Anfang August die Stadt Augsburg belagerte. Mittlerweile

---

**Die »Heilige Lanze« – Waffe König Ottos**

König Otto soll in der Schlacht gegen die Ungarn die sogenannte »Heilige Lanze« vorangetragen haben. Deren durchlöchertes Blatt enthält einen Nagel, der angeblich vom Kreuz Christi stammt. Sie wird auch mit der Waffe in Verbindung gebracht, mit der Christus am Kreuz durchbohrt wurde. Seit König Heinrich I. gehörte die »Heilige Lanze« zu den Reichskleinodien und wurde mehrfach in wichtigen Schlachten mitgeführt. Die Form gibt jedoch darüber Aufschluss, dass es sich nicht um eine römische Lanze, sondern um eine sogenannte Flügellanze handelte, wie sie im 8. Jahrhundert in Europa in Gebrauch war. Neuere Untersuchungen zeigen, dass die Lanze wohl nicht im Kampf direkt benutzt wurde und nur als Symbol gedient hat.

hatte König Otto seine aus Sachsen, Schwaben, Franken, Bayern und Böhmen stammenden Heereskontingente an der Donau zusammengezogen. Weitere Kontingente der Böhmen und der Bayern hielten sich östlich des Lechs, um sich dort dem eventuell zurückziehenden Feind entgegenzustellen und ihn so lange festzuhalten, bis das königliche Heer von Westen her nachgerückt war. Mit seinem etwa 8000 Mann starken Heer zog Otto von Ulm aus in Richtung Augsburg. Als die Ungarn vom Heranrücken Ottos hörten, zogen sie in Richtung Westen über den Lech, um Otto noch vor

Der Sieg Ottos I. über die Ungarn war von höchster Tragweite für die deutsche Geschichte, er wurde deshalb in zahlreichen Darstellungen gefeiert (Holzstich, um 1860).

Die Schlacht auf dem Lechfeld in einer spätmittelalterlichen Buchmalerei. Die historische Überlieferung ist hinsichtlich des genauen Ablaufs der Schlacht leider sehr spärlich.

Erreichen der Stadt abzufangen. Am 10. August 955 begann die erste Phase der Schlacht. Sie ist als »Schlacht auf dem Lechfeld« bekannt, obwohl sich ihr erster Teil an anderer Stelle, nämlich westlich von Augsburg beim Rauhen Forst abgespielt hat.

Die berittenen Bogenschützen der Ungarn umgingen das bewaldete Gebiet und griffen den von den Böhmen geschützten Tross an. Auch die zu Hilfe eilenden Schwaben sahen sich dem feindlichen Geschosshagel ausgesetzt. Sowohl Böhmen als auch Schwaben wurden schwer in Mitleidenschaft gezogen, doch wohl nicht ganz aufgerieben. Dann begingen die Ungarn einen schweren Fehler, indem sie sich zur Plünderung des Trosses hinreißen ließen. Daraufhin erfolgte ein Gegenangriff durch die Deutschen, der die plündernden Ungarn völlig überraschte. Mittlerweile hatte der Rest von Ottos Heer den Forst durchquert und stand der ungarischen Hauptmacht gegenüber. Die Ungarn hatten auf beiden Flanken berittene Bogenschützen postiert, die gepanzerten Reiter standen im Zentrum, und vor diesen waren zum Dienst gepresste Fußkrieger aufgestellt.

Der genaue Verlauf der folgenden Schlacht ist ebenso wie die Stärke des ungarischen Heeres nicht bekannt, man kann allerdings einige begründete Vermutungen über den Ablauf anstellen. Man weiß nämlich, dass Otto militärische Abhandlungen der Spätantike kannte und seinen Angriff wohl nach diesen Vorbildern durchführte. Möglicherweise bedrohte er den rechten Flügel der Ungarn durch einige seiner Panzerreiter und ließ im Zentrum gleichzeitig seine Fußkrieger vorgehen, sodass diese den Pfeilhagel auf sich zogen und die Ungarn gezwungen waren, ihre Schlachtaufstellung auseinanderzuziehen. Dann erfolgte ein massiver Angriff der Eliteformationen der deutschen Panzerreiter auf den ungarischen linken Flügel unter Ottos persönlicher Führung. Dieser kostete gewiss hohe Verluste, doch nach dem Einbruch in die feindliche Flanke sahen sich die Ungarn schwer bedrängt. Sie wandten nun die alte Taktik der vorgetäuschten Flucht an, doch Otto ließ sie nicht verfolgen.

Die zweite Phase der Schlacht spielte sich an den beiden folgenden Tagen auf dem östlichen Lechufer ab. Diese ging auch als »Schlacht auf dem Lechfeld« in die Geschichte ein. Die dort wartenden böhmischen und bayerischen Kontingente hielten die Ungarn auf, während das nachsetzende Heer Ottos dem feindlichen Heer gleichzeitig in den Rücken fiel. Damit saßen die Ungarn in einer Falle, aus der es für die meisten kein Entkommen gab. Nach der Niederlage war die Ungarngefahr für das Reich ein für allemal gebannt.

> »Nach diesen Worten ergriff er [König Otto] den Schild und die Heilige Lanze und wandte als Erster sein Ross gegen die Feinde, die Aufgabe des tapfersten Soldaten und des besten Herrschers erfüllend ...«
> **Widukind von Corvey**

# 13 Wendepunkt der Geschichte – Die Schlacht von Hastings 1066

**Die Schlacht von Hastings ist für den Verlauf der britischen Geschichte von fundamentaler Bedeutung. Zum letzten Mal setzte ein fremder Eroberer siegreich seinen Fuß auf die Insel.**

Nach dem Tod des englischen Königs Eduard des Bekenners im Jahr 1066 entbrannte ein Streit um den Thron, da der Herrscher keinen erbberechtigten Nachfolger hinterlassen hatte. Ein Anwärter war Herzog Wilhelm von der Normandie, der sich auf ein Versprechen Eduards berief, dass er dessen Nachfolger werden solle. Sein Gegner war Graf Harold von Wessex, der sich sofort nach dem Tod Eduards zu König Harald II. krönen ließ. Von großer Bedeutung erwies sich hierbei ein angeblich bei einem Besuch in der Normandie einige Jahre zuvor von Harald gegen Wilhelm geleisteter Treue- und Lehnseid.

Wilhelm focht die Ansprüche Haralds auf den Thron an und sicherte sich dazu sogar die Rückendeckung durch den Papst. Er begann mit der Ausrüstung einer Invasionsflotte, und am Morgen des 28. September erreichten die ersten normannischen Schiffe Pevensey Bay in Sussex. Nachdem Wilhelm mit seinen Männern gelandet war, entschied er sich dafür, an der Küste entlang nach Osten in Richtung Hastings zu gehen, wo er sein Lager aufschlug. Einige Tage zuvor hatte Harald bei Stamford Bridge in Nordengland den norwegischen König Harald Hardråde geschlagen, der auf dem Schlachtfeld fiel. In Gewaltmärschen warf Harald nun sein Heer nach Süden, um der dortigen Bedrohung zu begegnen.

Am Samstag, dem 14. Oktober, stellte auch Wilhelm sein Heer im Morgengrauen zur Schlacht auf. Wilhelm hatte sie erzwungen und musste nun unter allen Umständen siegreich sein, sonst war alles verloren. Harald hingegen wartete mit seinem Heer auf einem Höhenzug bei Caldbeck Hill und blockierte damit den Weg nach London. Wilhelm blieb daher nichts anderes übrig, als seinen Feind bergauf frontal anzugreifen. Die zeitgenössischen Angaben zur Stärke des normannischen Heeres schwanken beträchtlich. Wahrscheinlich setzte es sich aus etwa 2000 Rittern, 4000 gepanzerten Infanteristen und 1500 Bogen- und wohl auch Armbrustschützen zusammen. Haralds Streitmacht scheint mit 8000 Mann etwas stärker gewesen zu sein als die der Normannen. Die ausschließlich zu Fuß kämpfenden Angelsachsen hatten auf der Anhöhe Position bezogen und bildeten dort einen mächtigen Schildwall. Dieser starken Verteidigungsstellung sah sich Wilhelm gegenüber, der nun dazu gezwungen war, in die Offensive zu gehen.

»Als nun der Tag zu Ende ging, erkannte das englische Heer über jeden Zweifel, dass sie den Normannen nicht länger standhalten konnten ... Sie sahen die Normannen kaum geschwächt durch tödliche Verluste ... sie sahen das Ungestüm des Herzogs, welcher niemanden verschonte, der sich ihm entgegenstellte ... Deshalb wandten sie sich zur Flucht ...«
Wilhelm von Poitiers

Die Szene auf dem Teppich von Bayeux zeigt den Ansturm der normannischen Ritter gegen den fest gefügten Schildwall der Angelsachsen.

Er hatte sein Heer in drei Treffen gegliedert: Das erste bildeten die Bogen- und Armbrustschützen, dann folgten die schwer gepanzerten Fußkämpfer und auf diese die normannischen Ritter. Zunächst eröffneten die normannischen Schützen die Schlacht durch einen Pfeilhagel, der den durch ihren Schildwall geschützten Angelsachsen nicht sehr viel anhaben konnte.

Dann ließ Wilhelm seine gepanzerte Infanterie bergauf angreifen, die jedoch auch mit Unterstützung durch die heranstürmenden Ritter nicht in den Schildwall einbrechen konnte. Es folgte eine wilde Schlacht, in der Wilhelm durch List und kluges Taktieren die Oberhand gewann. Etscheidend für den Sieg war jedoch, dass König Harald von einem Pfeil ins Auge getroffen wurde. Mit seinem Tod begann der Widerstand der Angelsachsen zusammenzubrechen. Das angelsächsische Heer wurde von den Normannen vollständig aufgerieben und England lag Wilhelm zu Füßen. Am Weihnachtstag 1066 wurde Wilhelm in der Kathedrale von Westminster zum König von England gekrönt.

### Der Teppich von Bayeux

Der sogenannte Teppich von Bayeux – eigentlich ein Wandbehang vom 70 m Länge und 50 cm Höhe – stellt eine einmalige bildliche Quelle zur Schlacht von Hastings und ihrer Vorgeschichte dar. Er entstand etwa zehn Jahre nach der Schlacht und schildert detailgetreu die Vorbereitungen der Invasion sowie des folgenden Kampfes. Die Ausführung der Bildergeschichte ist für die damalige Zeit außergewöhnlich naturalistisch gehalten und ermöglich so einen guten Einblick bezüglich der Beschaffenheit von Waffen, Rüstungen, Schiffen, Kleidern usw. Wahrscheinlich gab Bischof Odo von Bayeux den Auftrag zur Herstellung des Kunstwerks, um damit seinem siegreichen Halbbruder Wilhelm ein Denkmal zu setzen.

# 14

# »Der schreckliche Tag« – Die Schlacht von Manzikert 1071

**Die Niederlage bei Manzikert stellte für das Byzantinische Reich einen schweren Schlag dar, von dem sich vor allem seine Armee nie wieder vollständig erholen sollte. Es verlor das östliche Kleinasien an die türkischen Seldschuken, die damit eine Machtbasis gewonnen hatten, von der aus sie Byzanz unablässig bedrohen konnten.**

Mit Beginn des 11. Jahrhunderts hatten die türkischen Seldschuken große Teile des Vorderen Orients unter ihre Herrschaft gebracht und das Reich der Großseldschuken gegründet. Dessen Machtbasis befand sich im Irak und Iran. Von dort aus griffen die Seldschuken nach Syrien und Kleinasien aus und drangen dabei auch wieder auf byzantinisches Gebiet vor. Im Frühjahr 1071 war der seldschukische Sultan Alp Arslan nach Syrien gezogen. Der byzantinische Kaiser Romanos IV. Diogenes zog ein großes Heer bei Erzurum zusammen, um die rückwärtige Verbindung seines Feindes anzugreifen. Diese Streitmacht war bunt gemischt und umfasste u. a. Rus, Chasaren, Kumanen, Georgier, Normannen und byzantinische Einheiten sowie die berühmte Warägergarde. Dazu gesellte sich ein großer Tross.

Anfang Mai erhielt Alp Arslan von den Truppenbewegungen der Byzantiner Nachricht und zog von Syrien aus nach Mossul und dann weiter in Richtung seines Gegners. Romanus hatte zwischenzeitlich die Festung Manzikert (50 Kilometer nordwestlich des Vansees) zurückerobert und einen Teil seiner Truppen in das Umland ausgesandt. Diese stießen bald auf die Vorhut der Seldschuken und es kam zu ersten Gefechten, bei denen die Byzantiner nach dem Eintreffen von Verstärkung zunächst die Oberhand behielten. Dann aber gerieten sie in einen Gegenangriff, der sie schwere Verluste kostete. Zwischenzeitlich war auch Alp Arslan mit der Hauptmacht eingetroffen. Dieser dürfte ungefähr 30–40 000 Mann befehligt haben, während Romanos über etwa 60 000 Mann verfügte. Alp Arslan machte überraschend ein Friedensangebot, das aber von Romanos abgelehnt wurde, da er allein aus finanziellen Gründen eine dermaßen starke

*Die byzantinische Kavallerie war derjenigen der Seldschuken ebenbürtig, doch die gemischte Zusammensetzung des byzantinischen Heeres machte die Führung des Feldzuges außerordentlich schwierig.*

Armee nicht noch ein mal aufstellen konnte und daher sofort die Entscheidung suchen musste. Am 18. August kam es zu einem ersten Gefecht zwischen den byzantinischen Bogenschützen und einem Teil der Seldschuken, während gleichzeitig einige der türkischen Söldner der Byzantiner zum Feind überliefen. Am 19. August 1071 stellte Romanos seine Truppen in zwei Treffen zur Schlacht auf. Er selbst befand sich mit den byzantinischen Gardetruppen im Zentrum des ersten Treffens.

Beim Vormarsch stießen die Byzantiner zunächst auf keinen nennenswerten Widerstand, und Alp Arslan zog sich zurück. Am späten Nachmittag gab Romanos den verhängnisvollen Befehl zum Rückzug. Doch nur das Zentrum gehorchte, während die verunsicherten Flanken zögerten und Andronikos Dukas, der verräterische Kommandeur des zweiten Treffens, das Gerücht verbreitete, der Kaiser sei gefallen. Das war die Gelegenheit, auf die die Seldschuken gewartet hatten. Mit voller Wucht stürzten sich 10 000 Reiter auf die in Unordnung geratenen Byzantiner. Der rechte Flügel brach sofort zusammen und floh, der linke hielt stand, wurde aber nach hartem Kampf in die Knie gezwungen. Dukas leistete keine Hilfe und zog sich mit dem zweiten Treffen sofort zurück. Nur das Zentrum des ersten Treffens führte den Kampf weiter. Dort stand der verwundete Romanos inmitten seiner Warägergarde, bis er überwältigt und gefangen genommen wurde. Daraufhin war auch der Widerstand gänzlich geschwächt. Romanos wurde nach Unterzeichnung eines Vertrages bald freigelassen, aber ein Jahr später bei internen Machtkämpfen ermordet.

> »Es mag jedoch sein, dass er die Rüstung eines einfachen Soldaten anlegte und das Schwert gegen seine Feinde zog ... Später, als seine Angreifer erkannten, wer er war, umzingelten sie ihn von allen Seiten. Er war verwundet und stürzte von seinem Pferd. Sie packten ihn und der Kaiser der Römer wurde fortgebracht, als Gefangener in das Lager der Feinde, und sein Heer wurde zerstreut. Nur wenige entkamen, von der Mehrheit wurden einige gefangen genommen, der Rest getötet.«
> Michael Psellos, *Chronographia*

### Für Gold und Ehre – Die Warägergarde

Eine der Elitetruppen der Byzantinischen Kaiser stellte die sogenannte Warägergarde dar. Dabei handelte es sich ursprünglich um aus Russland kommende Wikinger (Waräger) oder Slawen. Später traten dann auch viele Anglo-Dänen und Angelsachsen in diese Gardeeinheit ein. Sie gehörte zu den bewährtesten byzantinischen Kampftruppen, deren Markenzeichen ihre langen, schweren Streitäxte waren, mit denen sie u. a. bewaffnet waren. Die Mitglieder dieser Einheit waren hoch bezahlt und galten als äußerst loyal, doch konnten sie gelegentlich auch für Unruhe im Palast sorgen.

# 15

# Das »Wahre Kreuz« fällt –
# Die Schlacht von Hattin 1187

**In der Schlacht von Hattin erlitten die Kreuzfahrer gegen Sultan Saladin eine vernichtende Niederlage, deren Folge die Eroberung Jerusalems durch Saladin war. Damit war die wichtigste Basis der Kreuzfahrer im Heiligen Land verloren – fast hätte Saladin die christliche Herrschaft im Heiligen Land damit vollständig beendet.**

Die nach dem Ersten Kreuzzug im Orient gegründeten christlichen Herrschaftsgebiete konnten sich trotz der immer wieder ausbrechenden Kämpfe mit den islamischen Reichen relativ gut gegen diese behaupten. Dabei spielten auch deren interne Rivalitäten und Streitigkeiten eine große Rolle, aufgrund derer es nie zu einem geschlossenen Vorgehen gegen die Kreuzfahrer kam. Mit dem Aufstieg Sultan Saladins zum Herrscher Ägyptens und Syriens trat jedoch eine Macht hervor, die sich als Gefahr für den Fortbestand der Kreuzfahrerstaaten erweisen sollte. Trotz eines bestehenden Waffenstillstandes mit Saladin griff Rainald von Châtillon zu Beginn des Jahres 1187 eine durch sein Gebiet Oultre Jourdain (»Transjordanien«) ziehende muslimische Karawane an und gab Saladin damit einen Kriegsgrund.

Am 2. Juli 1189 stand das rund 20 000 Mann starke Heer Saladins vor der am See Genezareth gelegenen Stadt Tiberias und begann mit der Belagerung. Guido von Lusignan, König von Jerusalem, hatte zwischenzeitlich das größte Heer aufgeboten, das die Kreuzfahrerstaaten jemals ins Feld geführt hatten: 13 000 Mann Fußvolk, 1200 Ritter und 4000 leichte Reiter. Die Kerntruppe bildeten die Templer und Johanniter, die heilige Reliquie des »Wahren Kreuzes« sollte dem Heer in der Schlacht vorangehen. Das an den Quellen von Saffurya (etwa 15 Kilometer westlich von Tiberias) versammelte christliche Heer erhielt am 3. Juli den fatalen Befehl, in Richtung des belagerten Tiberias vorzustoßen. Daraufhin erfolgte ein Tagesmarsch über eine heiße, wasserlose Ebene, bei dem die Krieger ständigen Angriffen von Saladins leichten berittenen Bogenschützen ausgeliefert waren. Dies zwang Guido zu einem Richtungswechsel. Er nahm Kurs auf das Dorf Hattin, welches das christliche Heer jedoch nicht vor Einbruch der Dunkelheit erreichte. Die Kreuzfahrer verbrachten eine unruhige Nacht auf freiem Feld, die durch den Durst noch verschlimmert wurde. Saladin hatte mit seinen Truppen nicht weit entfernt Position bezogen.

»Nachdem wir gehört haben, mit welcher Strenge die Hand Gottes das furchterregende Strafgericht über das Land von Jerusalem vollstreckt hat, sind wir und unsere Brüder von so großem Entsetzen verwirrt ... dass sich uns nicht leicht offenbart, was wir tun oder machen sollen.«
Papst Gregor VIII.,
*Audita tremendi*

Nach der Schlacht von Hattin konnten sich nur noch wenige Burgen der Kreuzfahrer gegen den Ansturm Saladins halten. Die im südlichen Jordanien gelegene Burg von Kerak fiel 1188.

Am 4. Juli begann die Schlacht, als das christliche Heer versuchte, zum See Genezareth bei Tiberias durchzubrechen. Der Sultan ließ das trockene Buschwerk in Brand stecken; der beißende Rauch setzte den christlichen Truppen erheblich zu, die durch Saladins Angriffe immer weiter zurückgedrängt wurden. Das Heer wich aus auf zwei Anhöhen, die die »Hörner von Hattin« genannt wurden. Anscheinend kam es zu einer Abspaltung des Fußvolks von den Rittern, beide Gruppen kämpften nun getrennt voneinander. Nach und nach machten sich auch der Wassermangel und die Erschöpfung bemerkbar. Das »Wahre Kreuz« wurde von Saladins Männern erbeutet und der Rest der Überlebenden musste den Kampf aufgeben. Diese hatten die Wahl zwischen der Bekehrung zum Islam oder dem Tod – keiner von ihnen ließ sich bekehren. Damit war ein Großteil der christlichen Truppen im Heiligen Land vernichtet und Saladin setzte zu seinem Eroberungszug an, in dessen Folge alle großen Städte einschließlich Jerusalems in seine Hände fielen. Die Nachricht von der Katastrophe führte in Europa zum Beginn des Dritten Kreuzzugs, in dessen Verlauf ein Teil der ehemals christlichen Gebiete zurückgewonnen werden konnte.

### Das »Wahre Kreuz« – Eine Reliquie als Waffe

Helena, die Mutter Konstantins des Großen, entdeckte im 4. Jh. das Kreuz Christi, das dem Glauben zufolge geteilt worden war. Die in Jerusalem verbliebene Hälfte wurde einige Monate nach der Eroberung der Stadt im Jahr 1099 wiedergefunden. Gut dreißig Mal wurde die Reliquie von den christlichen Königen Jerusalems in den Kampf gegen die Muslime mitgeführt. Nicht immer wurde der Sieg errungen, doch bewahrte das Kreuz sie zumindest vor einer schweren Niederlage, so der Glaube der Kreuzfahrer. Als das Kreuz bei Hattin verlorenging, soll dies für die Christen – einem arabischen Chronisten zufolge – schlimmer gewesen sein als die Gefangennahme ihres Königs.

# 16

# Schicksalstag des Deutschen Ordens – Die Schlacht von Tannenberg 1410

**In der Schlacht von Tannenberg, in der polnischen Geschichtsschreibung als »Schlacht von Grunwald« bezeichnet, wurde das Heer des Deutschen Ordens von einer vereinigten litauisch-polnischen Streitmacht vernichtend geschlagen. Obwohl der Ordensstaat weiterhin Bestand hatte, führten die Folgen der Niederlage langfristig zu seinem Untergang.**

Der 1190 in Palästina gegründete Deutsche Orden hatte im Verlauf von 150 Jahren an der Ostseeküste in hartem Kampf gegen die heidnischen Pruzzen (Preußen) und Litauer einen eigenen Staat errichtet. Um 1400 hatte der Orden den Höhepunkt seiner Macht und seines Reichtums erlangt und sah sich nun einer gewandelten politischen Situation gegenüber, die schließlich zu seinem Untergang führte. Im Jahr 1386 hatte der litauische Großfürst Jogaila die Erbin der polnischen Krone geheiratet und als Wladislaw II. den polnischen Thron bestiegen. In Litauen übernahm Vitold, der Vetter Wladislaws, die Herrschaft als Großfürst. Die erfolgreiche Christianisierung der Litauer stellte für den Deutsche Orden ein gewisses Problem dar, da damit die Voraussetzung der Bekehrung und somit die Begründung für weitere Kriegszüge entfiel. Trotzdem blieb das Verhältnis zwischen Litauen und dem Orden gespannt und von Feindseligkeiten geprägt.

Die große Auseinandersetzung, die schließlich ihren Höhepunkt in der Schlacht von Tannenberg erreichen sollte, entzündete sich an dem Gebiet von Samogitien, das 1398 von den Litauern an den Orden abgetreten worden war. Der Deutsche Orden erhielt damit eine durchgehende Landverbindung zwischen Preußen und Livland. Vitold aber versuchte Samogitien erneut unter seine Kontrolle zu bringen. 1407 wurde Ulrich von Jungingen zum Hochmeister gewählt. Aufgrund der fortgesetzten Aufstände in Samogitien erklärte der Hochmeister nach gescheiterten Verhandlungen Litauen und Polen im Jahr 1409 den Krieg. Die nun beginnenden Kämpfe zogen sich bis zum Oktober dieses Jahres hin, dann wurde ein Waffenstillstand geschlossen, wobei der böhmische König Wenzel zum Schiedsrichter bestimmt wurde. Zu Beginn des Jahres 1410 sprach der König von Böhmen Samogitien dem Orden zu, während das ebenfalls umstrittene Dobriner Land Polen gehören sollte. Der polnische König akzeptierte dies jedoch nicht, sodass die Kämpfe im Juni 1410 neu eröffnet wurden.

> »Wissentlich sei allen ehrbaren Leuten, wie wir Kunde haben, dass Vitold mit einem großen Heere in das land will sprengen heute oder morgen. Hierum bitte wir fleißlich, dass jeglicher sich halte zuzujagen, wo man ihn befiehlt, wenn die Nachricht erfolgt.«
> Kampfaufruf des Deutschen Ordens

Der Kampf zwischen den Ordensrittern und ihren polnischen und litauischen Gegnern wurde mit großer Erbitterung geführt (Lithografie von Johannes Nepomuk Geiger, 1863).

Bis Anfang Juli hatte sich das polnisch-litauische Heer samt den übrigen Kontingenten gesammelt und marschierte nach dem Übergang über die Weichsel bei Czerwinsk gen Norden in Richtung der Marienburg. Als die Polen und Litauer den Fluss Drewenz erreichten, fanden sie den Übergang durch Truppen des Ordens blockiert und versuchten daraufhin, den befestigten Übergang ostwärts zu umgehen. Der Hochmeister mit dem Ordensheer folgte ihnen. Daraufhin wandte sich das polnisch-litauische Heer in Richtung Gilgenburg, das erstürmt und furchtbar gebrandschatzt wurde. Durch dieses Ereignis alarmiert, stellte der Hochmeister seine Feinde am 15. Juli nahe dem Dorf Tannenberg zur Schlacht.

Das Heer des Deutschen Ordens umfasste etwa 20 000 Kämpfer, von denen 14 000 beritten und 6000 Fußkämpfer waren. Unter dem Fußvolk dominierten die Armbrustschützen. Das polnisch-litauische Heer hatte dagegen eine Stärke von rund 30 000 Mann. Die Schlachtlinie des Ordensheeres erstreckte sich vom Dorf Tannenberg aus in südwestlicher Richtung. Sie war in drei Teile zu je zwei hintereinander stehenden Treffen gegliedert, wobei der linke Flügel, das Zentrum und der rechte Flügel aus je 4000 Panzerreitern gebildet waren. Im Zentrum befand sich der Hochmeister Ulrich von Jung-

Durch den Sieg bei Tannenberg konnte König Wladislaw II. die Stellung Polens gegenüber dem stark geschwächten Ordensstaat weiter ausbauen.

ingen, während hinter der Schlachtlinie noch eine 2000 Mann starke Reserve Aufstellung nahm. Vor der Front erstreckte sich eine Linie aus rund 100 Geschützen. Die dem Ordensheer gegenüberstehende polnisch-litauische Schlachtlinie war ebenfalls in einen rechten Flügel, ein Zentrum und einen linken Flügel gegliedert, die jedoch in drei hintereinander stehenden Treffen standen.

Am späten Vormittag ging der rechte litauische Flügel samt den Tataren zum Angriff über, doch weder die Geschütze noch der Pfeilbeschuss konnten die Litauer aufhalten. Dann stürmten 4000 Panzerreiter des linken Flügels den Litauern entgegen und es kam zum Nahkampf. Gleichzeitig unternahmen die Tataren ein Umgehungsmanöver. Den Panzerreitern gelang es, die Litauer zurückzudrängen. Dies führte zu einer Auflösung des rechten Flügels des litauisch-polnischen Heeres. Dennoch sollte sich diese Flucht für das Ordensheer als fatal erweisen, da sich die Panzerreiter zu einer ungestümen Verfolgung des geschlagenen Feindes hinreißen ließen. Dadurch erlahmten ihre Kräfte und sie lösten ihre Formationen auf, sodass sie in der nun folgenden kritischen Phase der Schlacht nicht mehr in der Lage waren, einzugreifen. Das Zentrum und der rechte Flügel des Ordensheeres sahen sich plötzlich einem zahlenmäßig überlegenen Feind gegenüber. Schon setzte das erste polnische Treffen zum Angriff an, dem Ulrich von Jungingen mit seinem Zentrum entgegentrat. Seinen rechten Flügel nutzte er unterdessen als defensive Stütze. Ulrich durchbrach mit seinen Panzerreitern in direktem Ansturm das erste polnische Treffen, machte eine Kehrtwendung und brach erneut durch. Dieses Manöver wurde ein drittes Mal erfolgreich wiederholt. Die entstandenen Verluste der Gegner wurden jedoch unablässig durch Männer aus dem zweiten polnischen Treffen ersetzt, während König Wladislaw sich weiter hinten sichtbar auf einer Anhöhe positionierte.

Die polnische Überzahl machte sich langsam bemerkbar. Wladislaw befahl nun seinem dritten Treffen einen Angriff auf beide feindlichen Flügel, während der rechte Flügel des Ordensheeres unter dem Beschuss der berittenen tatarischen Bogenschützen stand. Die Polen eroberten schließlich das Dorf Tannenberg. Am späten Nachmittag trafen einige von der Verfolgung der Litauer zurückkommende Männer des linken Flügels auf dem Schlachtfeld ein, konnten aber das Blatt nicht mehr wenden. Einen in Flucht ausartenden Rückzug wollte der Hochmeister dennoch nicht riskieren und ließ stattdessen eine 2000 Mann starke, beim Dorf Grünfelde stehende Reserve heranführen, um damit einen letzten Durchbruchsversuch zu wagen. Ulrich vollführte nahe des Dorfes Tannenberg eine Umgehung des Feindes, um direkt den polnischen König anzugreifen und so doch noch einen Sieg zu erringen. Einige seiner Ritter der Reserve, die dem sogenannten Eidechsenbund angehörten, schienen das Schlachtfeld jedoch kampflos verlassen zu haben. Dies führte zu großer Verwirrung.

Noch einmal versuchte der Hochmeister seine Männer anzufeuern, und tatsächlich gelang ein letzter Einbruch in die polnischen Reihen. Mittlerweile war es Vitold gelungen, einen Teil seiner Litauer zu sammeln und zurück in den Kampf zu führen. Damit war das Schicksal des Hochmeisters und den ihm verbliebenen Männer besiegelt, von allen Seiten umzingelt wurden sie trotz mutigster Gegenwehr niedergehauen. Nachdem der Hochmeister gefallen war, brach das Ordensheer endgültig auseinander. Die Verluste des Ordens waren katastrophal, neben dem Hochmeister waren fast alle hochrangigen Anführer und etwa 220 Ritterbrüder gefallen, dazu kamen 400 gefallene Ritter und weitere 8000 Mann. Polen und Litauer verloren hingegen etwa 5000 Mann. Der polnische König leitete sofort die Belagerung der Marienburg ein, konnte diese jedoch nicht erobern. Dennoch war die Herrschaft des Deutschen Ordens dermaßen geschwächt, dass sein Untergang nur noch eine Frage der Zeit war. Infolge der Reformation 1525 übte der Orden keinen nennenswerten Einfluss mehr aus.

### Die Lanze – Taktische Einheit des Mittelalters

Als Lanze bezeichnet man die kleinste Einheit der ritterlichen Heere. Diese bestand aus einem schwer gepanzerten Reiter, der nicht automatisch ein adeliger Ritter sein musste, sondern auch ein Landbesitzer sein konnte. Der Reiter verfügte über mindestens ein Streitross und ein Reisepferd. Weitere Angehörige der Lanze waren ein auf eigenem Pferd berittener Knappe sowie unter Umständen ein meist mit einer Armbrust bewaffneter, ebenfalls berittener Kämpfer. Mehrere Lanzen waren zu einem Banner zusammengefasst. Zu diesem gehörten wiederum Trosswagen und Lastpferde für den Transport der im Feld benötigten Dinge wie Zelte, Proviant und Pferdefutter.

# 17 Der gefiederte Tod –
# Die Schlacht von Agincourt 1415

**In dem zähen Ringen, das zwischen dem englischen und dem französischen Königtum um die Vormachtstellung in Frankreich während des Hundertjährigen Krieges stattfand, ragt besonders die Schlacht von Agincourt hervor. Selten wurde nämlich eine so siegesgewisse und zahlenmäßig weit überlegene Armee wie die französische von einem auf den ersten Blick weit unterlegenen Gegner dermaßen vernichtend geschlagen.**

Im Jahr 1413 bestieg Heinrich V. den Thron von England. Die seit Langem dauernde Auseinandersetzung mit den französischen Königen um die auf dem Boden Frankreichs gelegenen Gebiete, auf die aus dynastischen Gründen die englischen Könige Anspruch erhoben, war zu diesem Zeitpunkt noch lange nicht zu Ende. Heinrich entschied sich daher zu einem Feldzug in Frankreich, um nicht zuletzt auch durch einen Sieg seine Beliebtheit im eigenen Land zu steigern. Nachdem er durch für Frankreich unerfüllbare Bedingungen einen Kriegsgrund geschaffen hatte, landete er Mitte August 1415 mit etwa 11 000 Mann in der Normandie und begann mit der Belagerung der Stadt Harfleur. Diese leistete zähen Widerstand, der Heinrich schwere Verluste kostete; dazu brachen Krankheiten aus, die das Heer weiter schwächten. Dennoch konnten die Engländer im September die östlich von Le Havre gelegene Stadt erobern.

Heinrich entschied sich trotz dieser Probleme nicht für eine sofortige Rückkehr nach England, sondern für einen Marsch bis nach Calais. Zum einen sollte dieser seine Herrschaftsansprüche bekräftigen und zum anderen die französische Ritterschaft zu einem Kampf herausfordern. Das englische Heer zog in Richtung der Somme und erreichte den Fluss am 13. Oktober. Der gewählte Übergang war zwar durch die Franzosen blockiert, doch weiter flussaufwärts konnte Heinrich schließlich den Fluss überqueren. Die Franzosen hatten mittlerweile ein mächtiges, etwa 20–30 000 Mann starkes Heer zusammengezogen. Ein großer Teil davon waren schwer gepanzerte Truppen zu Pferd, der Rest bestand aus Garnisonstruppen der Städte, einigen Söldnern aus Norditalien und den Aufgeboten der Feudalherren. Den Oberbefehl führte der Connétable von Frankreich, Oberbefehlshaber der Armee Charles I. d'Albret, dem weitere hochrangige Kommandeure zugeordnet waren (darunter Marschall Bouci-

Hochrangige Gefangene wie Herzog Karl von Orléans wurden nach der Schlacht von Agincourt nach England gebracht und dort im Tower von London festgehalten.

caut), sodass die Kommandogewalt nicht fest in einer Hand lag. Ganz anders hingegen stellte sich der Sachverhalt beim englischen Heer dar, denn dessen unumstrittener Befehlshaber war der König selbst.

Die Stärke der englischen Armee ist ziemlich gut überliefert: In den zeitgenössischen Chroniken werden 6000 Mann genannt, von denen 5000 Bogenschützen und der Rest schwer gepanzerte Krieger waren. Letztere wurden nur zum Teil von adeligen Rittern gestellt, die übrigen waren Mitglieder des niedrigen Adels und einfache Gefolgsleute. Die Franzosen fingen das sich auf dem Weg nach Calais befindliche, von Krankheiten, Hunger und Erschöpfung geschwächte und dezimierte englische Heer etwa 60 Kilometer vor ihrem Ziel in der Nähe des Dorfes Agincourt (heute Azincourt) ab. Das französische Heer gab sich am Vorabend der Schlacht sorglos und siegesgewiss, und die hohen Adeligen spielten bereits um das Lösegeld der zu erwartenden hochrangigen Gefangenen.

Am Morgen des 25. Oktober 1415 nahmen die beiden feindlichen Heere ihre Schlachtposition ein. Unglücklicherweise hatten die Franzosen ein Schlachtfeld gewählt, das nur etwa einen Kilometer breit und an beiden Enden von Wald begrenzt war. Dies machte ihre numerische Überlegenheit von Anfang an zunichte. Der französische Schlachtplan war ansonsten gut durchdacht und hätte durchaus zum Erfolg führen können. Das französische Heer hatte in drei massiven, hintereinander stehenden Schlachtlinien Aufstellung bezogen. Die ersten beiden setzten sich aus abgesessenen

»Die Pferde der anderen waren durch die Pfeile so verwundet, dass sie von brennendem Schmerz getrieben auf die Vorhut zuliefen und diese in die äußerste Verwirrung stürzten ... die Pferde waren nicht mehr zu halten und Mann und Pferd gingen zu Boden ...«
Enguerrand de Monstrelet

Panzerreitern zusammen, an den Flanken befand sich die schwer gepanzerte Kavallerie, während die Bogen- und Armbrustschützen vor der Front standen. Der Plan der Franzosen bestand darin, die englischen Bogenschützen durch einen dichten Hagel von Pfeilen und Armbrustbolzen zu dezimieren, währenddessen die Kavallerie die unter Beschuss stehenden englischen Bogenschützen überrennen und vernichten sollte. Gleichzeitig mussten die ersten beiden zu Fuß kämpfenden Schlachtlinien die englischen Fußkämpfer angreifen und durch Einsatz ihrer Übermacht besiegen. Die dritte Schlachtlinie stellte die Reserve dar, die alle feindlichen Überlebenden abzufangen hatte. Doch die Eitelkeit und Ruhmsucht der Adeligen führte dazu, dass sie die Schützen zurückdrängten, um selbst als Erste den Kampf eröffnen zu können und damit deren »Feuerkraft« praktisch neutralisierten.

Zu Beginn des 15. Jahrhunderts hatte die Körperpanzerung ein hohes Maß an Perfektion erreicht. Dieser in Deutschland als »Hundsgugel« bezeichnete Helmtyp wurde in unterschiedlichen Abwandlungen auch in der Schlacht von Agincourt getragen.

Der englische König hatte seine gepanzerten Männer absitzen lassen und in drei nebeneinander gruppierten Blöcken aufgestellt. Zwischen den Blöcken befanden sich Bogenschützen, doch deren Hauptmasse stand an den beiden Flanken, die halbmondförmig nach vorn gezogen waren.

Dann führte Heinrich seine Schlachtlinie nach vorn in Bogenschussweite, um die Franzosen zum Angriff zu provozieren. Nachdem die Bogenschützen ihre Stellung eingenommen hatten, trieben sie lange, zugespitzte Pfähle schräg vor sich in den Boden, um sich gegen den erwarteten Angriff der französischen Panzerreiter zu schützen. Dieser ließ auch nicht lange auf sich warten, doch auf dem aufgeweichten Boden kamen die Reiter nicht schnell genug voran und sahen sich einem ständigen Beschuss ausgesetzt, der vor allem viele Pferde verwundete oder tötete. Nachdem die Panzerreiter bis zu den Bogenschützen vorgedrungen waren, konnten sie diese wegen der Pfahlreihen nicht erreichen und wurden auf kürzeste Distanz von den Pfeilen getötet. Gleichzeitig war die erste französische Schlachtlinie unter dem zermürbenden Beschuss vorgerückt und auf das englische Zentrum getroffen. Sie konnten dieses sogar etwas zurückdrängen, doch die zahlreichen auf engstem Raum zusammengepressten Kämpfer behinderten sich gegenseitig so stark, dass sie nicht einmal mehr ihre Waffen benutzen konnten. Von hinten drängten weitere französische Kämpfer nach und verschlimmerten dadurch die ohnehin schon chaotische Situation.

Heinrich befahl nun seinen Bogenschützen, die Bögen niederzulegen und sich ebenfalls in den Nahkampf zu stürzen. Die von vorn und den Flanken angegriffenen Franzosen waren den Engländern praktisch hilflos ausgeliefert und wurden zu Hunderten getötet oder gefangen genommen. Bis zu diesem Zeitpunkt hatte die dritte französische Schlachtreihe abgewartet und das entsetzliche Schauspiel beobachtet, wie der Hochadel und die besten Kämpfer Frankreichs in diesem Gemetzel fielen. Daraufhin begannen sie, sich zurückzuziehen. Die Zahl der Gefangenen war so groß, dass Heinrich den Befehl gab, diese zu töten, denn er hatte nicht genug Männer, um sie zu bewachen. Darüber hinaus befürchtete er deren erneutes Eingreifen in den Kampf.

Gegen Abend flaute die Schlacht ab und Frankreich hatte eine katastrophale Niederlage erlitten. Auf dem Schlachtfeld lag der Connétable Charles I. d'Albret, zwölf Mitglieder des Hochadels zusammen mit 1500 Rittern und weiteren 4500 gepanzerten Kriegern. Die Engländer hingegen hatten nur etwa 500 Gefallene zu beklagen. Der mit Ruhm bedeckte König Heinrich, der sich selbst in der Schlacht den höchsten Gefahren ausgesetzt hatte, kehrte mit seinem Heer zurück nach England, wo er bereits 1422 starb.

Die Schlacht von Agincourt gehört zu den am besten dokumentierten Schlachten des Mittelalters, zahlreiche Originaldokumente sind erhalten geblieben.

### Langbogen – Wunderwaffe des Mittelalters?

Die aus einem Stück Eibenholz gefertigte Waffe hatte eine Länge zwischen 1,70 und 1,90 m und ein Zuggewicht von bis zu 55 kg. Nur ein jahrelang im Bogenschießen geübter Mann konnte mit so einer Waffe treffsicher umgehen. Im Massenbeschuss hatten die von diesen Bögen abgeschossenen Pfeile eine Reichweite von bis zu 200 m. Die Wirkung des englischen Langbogens wird jedoch oft übertrieben dargestellt, gepanzerte Männer waren auf größere Entfernungen hin nicht so einfach zu töten. Erst auf eine Distanz ab 50 m konnten Rüstungen gut durchschlagen werden.

# 18

# Sieg der »Gewalthaufen« – Die Schlacht bei Murten 1476

**Bei Murten konnten sich die schweizerischen »Gewalthaufen« erneut erfolgreich gegen das Heer des Burgunderherzogs Karls des Kühnen behaupten. Ihr schnelles Vorgehen gegen den überraschten Feind konnte auch dessen Artilleriefeuer nicht aufhalten.**

Während der zweiten Hälfte des 15. Jahrhunderts geriet die auf eine Expansion in Richtung Elsass gerichtete Politik der schweizerischen Eidgenossen in einen Konflikt mit Herzog Karl dem Kühnen von Burgund. Dieser Kampf der Schweizer diente gleichzeitig auch Kaiser Friedrich III. und dem französischen König Ludwig XI., denen beiden an einer Schwächung sowohl der Schweizer als auch des burgundischen Herzogs gelegen war. Karl der Kühne war auf dem besten Weg, das Herzogtum Burgund zu einem mächtigen europäischen Staat zu machen. Zu diesem Zweck baute er systematisch sein Heer nach den modernsten Methoden hinsichtlich Organisation und Waffentechnik aus. Von größter Bedeutung war hierbei die Artillerie, zu der auch mit den neuesten Lafetten versehene bewegliche Feldgeschütze gehörten. Dem gegenüber stand das Schweizer Fußvolk, das in einer Taktik kämpfte, die zwar nicht mehr auf der Höhe der Zeit war, aber gerade wegen dieser Unkompliziertheit die Siege davontragen sollte.

Im Frühjahr 1476 unternahm Herzog Karl einen Kriegszug gegen Bern, wurde aber bei Grandson, am Südwestufer des Neuenburger Sees, überraschend von den Eidgenossen geschlagen. Karl stellte wieder ein Heer auf und wandte sich erneut in Richtung Bern. Vorher musste er aber noch das auf dem Anmarschweg gelegene Murten erobern, da ihm dessen Besatzung in den Rücken hätte fallen können. Anfang Juni leiteten die Burgunder die Belagerung ein, und da Karl mit einem Entsatzangriff der Schweizer rechnete, ließ er entgegengesetzt der Belagerungslinien mit Artillerie versehene Feldbefestigungen errichten. Karl hatte 22 000 Mann zur Verfügung, darunter einige Tausend Bogenschützen und gut 2000 schwere Reiter. Das am 22. Juni angreifende Heer der Schweizer war etwa gleichstark und verfügte zusätzlich über 1800 lothringische schwere Reiter. Die in Vorhut, Hauptmacht und Nachhut aufgeteilten schweizerischen »Gewalthaufen« gingen seitwärts in schnellem Angriffsmarsch gestaffelt vor und waren so in der Lage, sich gegenseitig rasch zu unterstützen. Als der Angriff der Schweizer begann, waren die burgundischen Feldbefestigungen nur schwach besetzt.

»... und kam auch semlich gros Angst und Not unter sy [die Burgunder] das gar vil von rechtem Jammer und Schrecken in den Murten-See ritten und louffen mussten, das er von der Statt Murten bis oben us an das Moos, da er ein Ende hat, aller voll Lüthen stund und lag, die alle darinne erstochen und erschlagen wurden, und sich auch selber von rechter Angst und Not mussten ertrencken, das die niemand mocht zehlen ...«
Diebold Schilling, *Beschreibung der burgundischen Kriege*

Die Truppen Karls des Kühnen waren bei Murten vollkommen von den Schweizern überrascht worden; der Herzog konnte nach der Schlacht mit nur wenigen Männern entkommen.

Dennoch trieb das von dort kommende Artilleriefeuer die Vorhut zunächst zurück. Insgesamt gesehen war das Feuer aber zu langsam und lag auch meist zu hoch, um auf Dauer wirksam zu sein. Der zweite Ansturm erwies sich als erfolgreicher, indem die Vorhut die Befestigung einfach von der Seite her umging und sie dann aufrollte. Gleichzeitig unterlief die nächste Kolonne das Feuer der Geschütze und brach frontal in die burgundischen Stellungen ein. Auch die Besatzung von Murten hatte sich nun in den Kampf eingemischt, und die völlig überrannten Burgunder wurden gnadenlos niedergemacht. Herzog Karl gelang mit einigen Reitern die Flucht, doch sein Heer war völlig vernichtet. 1477 fiel er schließlich gegen die verbündeten Lothringer und Schweizer in der Schlacht bei Nancy.

### Karl der Kühne – Ein Visionär auf militärtechnischem Gebiet

Der seit 1465 über das Herzogtum Burgund herrschende Karl war auf militärischem Gebiet äußerst bewandert und richtungweisend. Sein nach französischem Vorbild in sogenannte Ordonnanzkompanien gegliedertes, stehendes Heer war eine überwiegend aus Söldnern gebildete, uniformähnlich gekleidete Berufsarmee. Diese bestand aus englischen Langbogenschützen, Pikenieren, schwerer Kavallerie und Artillerie. Der Artilleriepark umfasste 500 Geschütze. Karl investierte ein Vermögen allein in diese Waffengattung. Damit war er seiner Zeit weit voraus, denn die exakt vorgenommene Aufteilung in einzelne Truppengattungen war zu kompliziert und es waren zu viele einzelne Komponenten, die sich gegenseitig unterstützen mussten, um ein perfektes Funktionieren auf dem Schlachtfeld zu gewährleisten. Dass dieses System in der Praxis scheiterte, zeigen die verlorenen Schlachten gegen die Schweizer.

# Kampf um Italien – Die Schlacht von Pavia 1525

Die deutschen Landsknechte in ihrer auffallenden bunten Tracht hatten unter ihrem Anführer Georg von Frundsberg einen entscheidenden Anteil am kaiserlichen Sieg in der Schlacht von Pavia (Bildteppich, um 1528).

**Während der ersten Hälfte des 16. Jahrhunderts suchte der französische König Franz I. seinen Machtanspruch über Italien geltend zu machen. Ihm stand Kaiser Karl V. gegenüber, der dort seine angestammten Rechte verteidigte. Durch die für Karl siegreiche Schlacht bei Pavia wurde den französischen Ambitionen vernichtend Einhalt geboten.**

Ende des Jahres 1524 hatte König Franz I. von Frankreich mit einem Heer von 25 000 Mann Infanterie, 10 000 Mann Kavallerie und 55 Geschützen mit der Belagerung von Pavia begonnen. Die etwa 6000 Mann starke Besatzung der Stadt widerstand allen Angriffen. Anfang Februar eilte ein kaiserliches Heer von etwa 23 000 Mann unter dem Befehl von Fernando Francesco d'Avalos, Markgraf von Pescara, heran, um die Stadt zu entsetzen. Wegen der im Verlauf der Belagerung erlittenen Verluste der Franzosen dürften zu diesem Zeitpunkt beide Heere gleich stark gewesen sein. Aufgrund mangelnder Geldmittel und Nahrungsvorräte musste der Markgraf sofort angreifen, obwohl ein Frontalangriff auf die gut befestigen Belagerungsstellungen unmöglich war. Er entschloss sich daher für einen Überraschungsangriff auf den linken Flügel der Franzosen, der nicht gut gesichert war.

In der Nacht vom 23. auf den 24. Februar 1525 brachte er seine Truppen in Angriffsposition, während die Artillerie Feuerschutz leistete. Gleichzeitig durchbrachen Pioniere die Parkmauer auf breiter Front, und das kaiserliche Heer strömte durch die Lücken. Das französische Heer war mittlerweile heranmarschiert; insbesondere die französische Artillerie setzte der kaiserlichen Nachhut schwer zu. König Franz führte persönlich seine Panzerreiter in die Schlacht, und die geballte Wucht des Angriffs schlug die kaiserliche Kavallerie zurück. Doch die Attacke spielte sich vor den Rohren der französischen Artillerie ab, sodass diese nicht feuern konnte. Auf dem rechten Flügel der Kaiserlichen nutzten etwa 1500 Arkebusenschützen die Bäume als Deckung und feuerten in Richtung der französischen Kavallerie. Gegen sie rückten im Dienste der Franzosen stehende schweizerische Landsknechte vor, doch der mörderische Beschuss trieb sie zurück. Dann wurden die schweren französischen Reiter auf kürzeste Distanz unter Feuer genommen. Sie erlitten schwere Verluste.

Dies verschaffte der kaiserlichen Kavallerie die Gelegenheit zu einer erfolgreichen Gegenattacke. Auf dem rechten französischen Flügel begann

»Gott gebe mir hundert Jahre Krieg und keinen Schlachttag, aber heute ist kein Ausweg.«
Fernando Francesco d'Avalos, Markgraf von Pescara

In der Schlacht von Pavia zeigte sich die Kriegsführung der Landsknechte auf dem Höhepunkt (Holzschnitt, um 1530).

nun die Infanterieschlacht. Die für König Franz I. kämpfende berüchtigte Landsknechtsformation der »Schwarzen Bande« griff in den Kampf ein und drängte die spanische Infanterie zurück. Doch der kaiserliche Landsknechtsführer Georg von Frundsberg führte nun seine Männer heran, und in einem erbarmungslos geführten Kampf wurde die 6000 Mann starke »Schwarze Bande« von den zahlenmäßig überlegenen Landsknechten aufgerieben. Das französische Heer war nun auf beiden Flügeln umfasst und wurde gleichzeitig von der Besatzung Pavias im Rücken angegriffen. Damit war die Schlacht beendet. König Franz I. fiel verwundet in Gefangenschaft, ebenso ein Großteil seines Heeres. Obwohl sich der Kampf um Italien noch bis 1544 hinzog, war die habsburgische Vorherrschaft nun endgültig gesichert.

### Die Landsknechte

Das beginnende 16. Jh. war die Blütezeit der Landsknechte. Diese mit ihren 4 bis 5 m langen Piken bewaffneten Söldnereinheiten waren in Fähnlein von 400 bis 500 Mann gegliedert. Mehrere Fähnlein wurden zu einem Regiment zusammengefasst. Die auffällig gekleideten Landsknechte verband zunächst ein hoher Korpsgeist und Berufsethos. So kannte man zum Beispiel den »guten Krieg«, bei dem der Unterlegene geschont wurde, und den »bösen Krieg«, bei dem es kein Pardon gab. Doch die fortdauernden Kriege führten aufgrund von ausbleibenden Soldzahlungen und der wahllosen Anwerbung zu Verfallserscheinungen, die den schlechten Ruf der Landsknechte zur Folge hatten.

# 20 Kampf um das Mittelmeer – Die Seeschlacht von Lepanto 1571

**Zu Beginn des 16. Jahrhunderts stand das Osmanische Reich kurz davor, die vollständige Seeherrschaft im Mittelmeerraum zu gewinnen. In der letzten großen Galeerenschlacht der Geschichte trat die Flotte der »Heiligen Liga« den Osmanen in der Seeschlacht bei Lepanto gegenüber. Der Einsatz neuartiger Schiffe sicherte den christlichen Sieg. Damit war die osmanische Vorherrschaft im Mittelmeer endgültig gebrochen.**

Im Mai 1571 war es Papst Pius V. nach langen Verhandlungen endlich gelungen, die großen Seemächte Venedig und Spanien zu einer »Heiligen Liga« zu vereinen, zu der natürlich auch der Kirchenstaat gehörte. Ziel war es, dem beständigen Vordringen der Osmanen im Mittelmeerraum Einhalt zu gebieten und gleichzeitig den Plünderungen und Kaperungen der in den nordafrikanischen Hafenstädten Algier, Tunis und Tripolis beheimateten Korsaren ein Ende zu setzen.

Bei Messina vereinigten sich die unterschiedlichen Kontingente, zu denen zusätzlich noch Schiffe aus Genua stießen. Die Flotte umfasste etwa 300 Schiffe, von denen allein Spanien 80 Galeeren und 20 weitere Fahrzeuge stellte. Venedig steuerte mehr als 100 Schiffe bei, von denen die sechs gewaltigen Galeassen die größte Bedeutung hatten. Die Gesamtstärke der Besatzungen lag bei 80 000 Mann, von denen etwa 50 000 Ruderer und Seeleute waren. Der Rest waren Kampftruppen. Den Oberbefehl über die gesamten Flotte führte der erst 24 Jahre alte Don Juan de Austria, ein illegitimer Sohn Kaiser Karls V., dem es gelang, die aus diesen unterschiedlichen Kontingenten zusammengestellte Seestreitmacht siegreich zu führen.

Nachdem die »Heilige Liga« Nachricht erhalten hatte, dass eine 300 Schiffe starke osmanische Flotte im Ionischen Meer gesichtet worden war, stach die christliche Seestreitmacht am 16. September in See. Die Osmanen hatten sich nach einem Überfall auf Korfu in Richtung des am Beginn des Golfes von Korinth gelegenen Lepanto (heute Naupaktos) zurückgezogen. Don Juan und die Mehrheit seiner Kommandeure stimmten für einen sofortigen Angriff, nicht zuletzt auch deshalb, weil es unter den Verbündeten schon zu Reibereien gekommen war. Am Morgen des 7. Oktober 1571 fuhr die christliche Flotte in den Golf von Patras auf die entgegenkommende osmanische Streitmacht zu.

> »... der Himmel war wegen des Hagels von Pfeilen und Kugeln nicht zu sehen. Es war Mittag und dennoch war der Himmel verdunkelt vom Rauch der Granaten und Geschütze ...«
> Ein Teilnehmer der Schlacht

Don Juan hatte seine Flotte in drei große Abteilungen gegliedert: Den rechten Flügel unter Admiral Andrea Doria bildeten die Schiffe Genuas und des Papstes, das Zentrum, in dem er sich selbst befand, war mit Schiffen aller Kontingente besetzt, während der unter dem Befehl von Agostino Barbarigo geführte linke Flügel überwiegend von den Venezianern gebildet war. Der christliche linke Flügel war ganz an die Küste angelehnt, um ein seitliches Umgehungsmanöver unmöglich zu machen. Vor jeder der drei Abteilungen sollten je zwei Galeassen stehen, um die feindliche Schlachtlinie aufzureißen. Don Juan hatte die Rammsporne seiner Galeeren entfernen lassen und damit deutlich gemacht, dass die Entscheidung durch das Feuer der Geschütze und den Enternahkampf fallen musste. Die auf der gegenüberliegenden Seite stehende türkische Flotte stand unter dem Befehl Ali Paschas. Sie war ebenfalls in drei große Abteilungen gegliedert. Links stand der berüchtigte Korsar Uluch Ali mit seinem Kontingent, im Zentrum befand sich Ali Pascha selbst und den rechten Flügel kommandierte Mehmet Sulik Pascha, genannt Sirocco.

Gegen 10 Uhr 30 hatten sich die beiden Flotten auf Artillerieschussweite angenähert, doch die beiden für den rechten christlichen Flügel bestimmten Galeassen hatten ihr Ziel noch nicht erreicht. Zu dieser Zeit stieß der christliche linke (nördliche) Flügel auf die Schiffe Siroccos, und eine halbe Stunde später entbrannte der Kampf auch im Zentrum. Die vier Galeassen eröffneten ein vernichtendes Feuer auf die türkischen Schiffe, während diese versuchten, sich so weit als möglich von diesen fernzuhalten. Dies führte wie geplant zum Aufbrechen der türkische Schlachtlinie. Während im Norden und im Zentrum der Kampf schon in vollem Gange war, versuchte der erfahrene Uluch Ali eine Umgehung des feindlichen rechten Flügels. Der

Die zeitgenössische Darstellung gibt die Aufstellung der Flotten einigermaßen korrekt wider; auch einige der venezianischen Galeassen sind zu erkennen.

ihm ebenbürtige Andrea Doria erkannte die Absicht seines Gegners, was dazu führte, dass beide Flügel von der jeweiligen Hauptmacht getrennt wurden. Gegen Mittag begann auch hier der Nahkampf. Uluch Ali versuchte nun, in die zwischen dem christlichen Zentrum und dem rechten Flügel entstandene Lücke einzudringen. Die beiden Galeassen dieses Flügels waren zu spät gekommen, doch von der Position, die sie nun einnahmen, konnten sie wenigstens erfolgreich ein Unterstützungsfeuer leisten. Im Norden hatte Sirocco eine Umgehung des linken christlichen Flügels versucht. Dies war ihm auch, trotz des engen Raumes und der durch die Galeassen angerichteten Zerstörungen, mit sieben Galeeren gelungen. Hier tobte ein erbitterter Kampf, in dem Agostino Barbarigo durch einen Pfeilschuss in das Auge tödlich verwundet wurde. Dennoch behielten die Christen die Oberhand und drängten die türkischen Schiffe in Richtung der Küste.

Auf einigen türkischen Galeeren gelang es den christlichen Rudersklaven in der Verwirrung des Gefechts, sich zu befreien und den kämpfenden Mannschaften in den Rücken zu fallen. Dies war auch auf dem Flaggschiff Siroccos der Fall und dieser, bereits verwundet, musste das Schiff verlassen. Viele türkische Schiffbesatzungen flohen an die Küste und wurden dort von christlichen Landungstruppen verfolgt und getötet. Sirocco geriet ebenso in Gefangenschaft und wurde am nächsten Tag hingerichtet.

Die Entscheidung der Schlacht fiel aber im Zentrum. Auch hier richteten die Galeassen Verwüstungen in den türkischen Reihen an, und während die türkischen Buggeschütze ihr Feuer auf den Gegner eröffneten, hielt dieser seines bis kurz vor dem Zusammenprall zurück, um einen maximalen Effekt zu erzielen. Nachdem sich beide Schlachtlinien ineinander verzahnt hatten, tobte der mit Arkebusen, Bögen, Piken und Schwertern geführte Nahkampf, bei dem die Schiffsbesatzungen und Seesoldaten versuchten, die gegnerischen Schiffe in ihre Gewalt zu bringen. Von Anfang an war klar, dass Ali Paschas Flaggschiff geradewegs auf das Flaggschiff Don Juans zusteuerte, um diesen zu vernichten. Bald hatte sich um die beiden Flaggschiffe ein Knäuel weiterer Galeeren gebildet, die alle in einen erbarmungslosen Kampf verwickelt waren. Zunächst gelang es Ali Paschas Männern, das Schiff Don Juans zu entern, doch sie wurden zurückgeworfen. Etwas später hatten sie ihrerseits auf Ali Paschas Schiff Fuß gefasst und drängten die Besatzung immer weiter zurück. Im Nahkampf fiel Ali Pascha, sein Kopf wurde abgeschlagen und auf eine Pike gespießt. Die siegreichen Christen holten seine Standarte vom Mast, und damit war die Schlacht beinahe entschieden.

Nach und nach gaben die türkischen Schiffsbesatzungen den Kampf auf oder versuchten zu fliehen. Nur auf dem christlichen rechten Flügel tobte der Kampf gegen den zähen Uluch Ali weiter. Als dieser der Situation gewahr wurde, trat er die Flucht an und konnte so noch etwa 30 Galeeren vor der Zerstörung retten. Nach vier Stunden war die Schlacht vorüber. 8000 Christen waren gefallen, 21 000 verwundet, während die Türken 170 Galeeren, 30 000 Tote und Verwundete sowie 3000 Gefangene zu verzeichnen hatten. Darüber hinaus konnten auch noch 15 000 christliche Galeerensklaven befreit werden. Der Nimbus der Unbesiegbarkeit der türkischen Mittelmeerflotte war gebrochen. Lepanto war der berühmteste Sieg Don Juans, der bereits im Alter von 31 Jahren starb.

### Die Galeasse – Geheimwaffe der Venezianer

Vor der Schacht von Lepanto hatte man im Arsenal von Venedig einen neuen Schiffstyp entwickelt, der den herkömmlichen Galeeren an Feuerkraft weit überlegen war. Dieser neuartige, Galeasse genannte Schiffstyp verfügte über eine erhöhten Geschützaufbau am Bug und eine seitliche Geschützbewaffnung, wie sie bei den herkömmlichen Galeeren nicht vorhanden war. Die Galeassen waren bei Weitem nicht so schnell und wendig wie die Galeeren, daher dienten sie nur als bewegliche Geschützstellungen, die durch ihr konzentriertes Feuer schwere Verwüstungen bei der osmanischen Flotte anrichteten und zusätzlich deren Schlachtlinie aufrissen.

# 21

# Der Stolz Spaniens wird vernichtet – Die spanische Armada 1588

**Die wachsende Machtposition des protestantischen Englands als Seemacht zu brechen und England zu erobern war das Ziel König Philips II., als er seine Armada zusammenzog. Doch die geschickte englische Gegenwehr und das Wetter ließen diesen gewagten Plan in einem katastrophalen Desaster enden.**

Spanien sah sich seit Längerem fortdauernden englischen Angriffen auf seine an den Küsten Mittel- und Südamerikas befindlichen Besitzungen und den von dort nach Europa segelnden Schatzschiffen ausgesetzt. Die mit Kaperbriefen der englischen Königin Elisabeth I. ausgestatteten englischen Freibeuter, unter denen Sir Francis Drake und Sir Walter Raleigh die berühmtesten darstellten, fügten Spanien durch ihre gewagten Piratenaktionen schwersten Schaden zu. König Philipp II. wollte daher das für ihn zunehmend gefährliche England endgültig unterwerfen und dort auch wieder den Katholizismus einführen. Zu diesem Zweck traf er lange und umfangreiche Vorbereitungen, die den Engländern nicht verborgen bleiben konnten. Sie gingen bereits während dieser Phase in die Offensive und so führte Drake noch 1587 einen schweren Angriff gegen die Hafenstadt Cadiz durch, wobei das zukünftige Flaggschiff des spanischen Großadmirals in Flammen aufging.

Im Mai 1588 war die als Armada bezeichnete spanische Flotte zum Auslaufen bereit. Den Oberbefehl führte der Herzog von Medina-Sidonia. Die gewaltige Flotte umfasste 130 Schiffe mit 2600 Kanonen und 30 000 Mann Besatzung, von denen allein 19 000 Mann Kampftruppen waren. In den spanischen Niederlanden stand der Herzog von Parma mit einer Invasionsarmee von 27 000 Mann und 300 kleineren Truppentransportern bereit, um nach der beabsichtigten Vernichtung der englischen Flotte über den Kanal zu setzen. Doch bereits bei der Anfahrt geriet die Armada in schlechtes Wetter, und einige Schiffe mussten noch bis Juli an der Nordküste Spaniens repariert werden. Damit war der Zeitplan des Admirals bereits empfindlich gestört noch bevor es zu Kampfhandlungen gekommen war. Er beabsichtigte in den Kanal einzulaufen, in den Downs zu ankern und dort mit dem Herzog von Parma das weitere Vorgehen abstimmen zu können.

Den Oberbefehl über die englische Flotte übertrug die englische Königin nicht einem ihrer »Sea Dogs«, sondern Lord Howard of Effingham, da sie der Meinung war, dass nur ein hochrangiger Adeliger die nötige Autorität dafür

> »Es ist von größter Bedeutung, dass die Armada eng geschlossen bleibt ... Kein zur Armada gehörendes Schiff soll sich ohne meine Erlaubnis aus dem Verband lösen ... Jede Missachtung dieses Befehls wird mit dem Tode bestraft.«
> Der Herzog von Medina-Sidonia

habe. Drake hingegen erhielt den Titel eines Vizeadmirals von Plymouth. Im Gegensatz zum Oberkommando war Drake der Meinung, den Kampf so weit als möglich entfernt von der englischen Küste zu führen, wenn möglich sogar vor Spanien. Diesem Vorschlag sollte auch entsprochen werden. Schon Ende Mai versammelte sich die englische Flotte vor Plymouth. Sie bestand aus 102 Schiffen unterschiedlicher Größe. 35 von ihnen waren königliche Schiffe, 53 der größeren Schiffe wurden von privater Seite beigesteuert. Das Admiralsschiff Lord Howards war die Galeone »Ark Royal«. Die meisten dieser Schiffe verfügten über eine starke Bewaffnung aus Schiffsgeschützen, doch mangelte es an Munition und Lebensmitteln. Die englische Flotte stieß dreimal in den Golf von Biskaya vor, doch sie traf auf kein spanisches Schiff und musste unverrichteter Dinge nach England zurückkehren.

Am 29. Juli tauchte die Armada vor der Küste Cornwalls auf, während sich die englische Flotte in Plymouth befand. Diese stach sofort in See und konnte sich durch geschicktes Manövrieren so in den Westwind bringen, dass sie gegenüber den Spaniern die Angriffsposition einnahm. Die spanische Flotte segelte in einer dichten halbmondförmigen Formation, während die Engländer in Kiellinie hinter ihr auffuhren und von den Breitseiten aus das Geschützfeuer eröffneten. Vom 31. Juli bis zum 4. August kam es zwischen den Engländern und Spaniern zu drei Gefechten, bei denen die spanischen Schiffe aber nicht schwer beschädigt wurden. Einer der Vorteile der Engländer war ihre überlegene Schiffsartillerie. Sie verfügten zwar über leichtere Geschütze als die Spanier, konnten diese aber wegen neuartiger, vierrädriger Lafetten schneller laden und abfeuern. Die englischen Schiffe ließen sich auf keinen Nahkampf mit den schweren spanischen Fahrzeugen

Die wendigeren und besser bewaffneten englischen Schiffe hatten einen erheblichen Vorteil gegenüber den großen spanischen Schiffen.

ein, in dem sie unterlegen gewesen wären. Stattdessen bedienten sie sich einer nadelstichartigen Taktik, nutzten ihre überlegene Artillerie und segelten bei Gegenangriffen außer Reichweite. Die Engländer konnten sogar Prisen nehmen. Eine davon gehörte Drake, als er die durch eine Kollision beschädigte »Nuestra Señora del Rosario« aufbrachte.

Trotz der ständigen Seegefechte kam es jedoch zu keiner endgültigen Entscheidung. Während die englische Flotte in Dover Munition an Bord nehmen musste, segelte die Armada weiter in Richtung Calais und ging dort am 6. August vor Anker. Lord Howard wusste, dass er die Spanier sofort angreifen musste, noch ehe diese die spanische Invasionsarmee nach England eskortieren konnten. Nachdem die englische Flotte Verstärkung erhalten hatte, sah er seine Chance gekommen.

Um Mitternacht vom 7. auf den 8. August 1588 wurden acht der am wenigsten wertvollen englischen Schiffe zu Brandern umfunktioniert, deren Geschütze geladen, die Segel gesetzt und die Ruder festgemacht. Dann ließ man die brennenden Schiffe ohne Besatzung in Richtung der vor Anker liegenden Armada treiben. Als die Spanier das drohende Unheil sahen, brach sofort Panik aus. Die Ankertaue wurden gekappt und jedes Schiff suchte sein Heil in einer chaotisch verlaufenden Flucht, bei der zahlreiche Schiffe Schäden davontrugen. Damit war die Formation der Armada unwiderruflich zerstört. Die Schiffe hatten sich in dem Raum zwischen Dünkirchen und Gravelines zerstreut, und Medina-Sidonia konnte nur noch hoffen, seine Flotte vor der vollständigen Vernichtung zu bewahren.

Im Morgengrauen des 8. August 1588 griffen die englischen Schiffe die Spanier vor Gravelines an. Sie näherten sich den feindlichen Fahrzeugen so weit, dass keine Gefahr des Enterns bestand, und spielten nun die Überlegenheit ihrer Schiffsartillerie voll aus. Drei spanische Schiffe sanken, andere wurden schwer beschädigt. Nach acht Stunden mussten die Engländer aus Mangel an Munition das Feuer einstellen. Damit war die Gefahr einer Invasion gebannt. Die Überreste der Armada konnten sich nicht über den Kanal zurückziehen, sondern mussten am 9. Juli den aufkommenden Wind von Westsüdwest nutzen und nach Norden fliehen. Zunächst wurden sie noch von der englischen Flotte

Der berühmte Seefahrer und Freibeuter Sir Francis Drake spielte eine bedeutende Rolle bei der Vernichtung der spanischen Armada. Der Globus weist auf seine Erdumsegelung hin.

*Drake pevorqti novit quem terminus orbis,*
*Et quem, bis mundi veuit utgra Dolus;*
*Si faciebat homines, facient te Sudora notum,*
*Sol nescit comitem non memor esse sui.*

Unter Königin Elisabeth I. begann der Aufstieg Englands zur größten Seemacht der Welt. Dies stellte eine direkt Folge der Vernichtung der Armada dar.

verfolgt, bis diese schließlich auf der Höhe von Newcastle upon Tyne abdrehte. Die spanischen Schiffe hatten nun mit dem rauen Nordatlantik, unbekannten Gewässern, schlechtem Wetter und Proviantmangel zu kämpfen, und viele von ihnen strandeten an den Orkneys oder der irischen Küste. Nur etwa 60 Schiffe konnten nach Spanien zurückkehren, die Expedition hatte 10 000 bis 15 000 Männer das Leben gekostet. Die englischen Verluste betrugen zwischen einige Hundert bis einige Tausend Mann, die jedoch überwiegend Krankheiten und nicht der Feindeinwirkung zum Opfer gefallen waren. Mit dem Ende der Armada zeichnete sich auch der Niedergang Spaniens als weltbeherrschende Seemacht ab. Von nun an bereitete sich England darauf vor, Spaniens Rolle zu übernehmen.

### Brander – Der Schrecken der Segelschiffe

Bei den sogenannten Brandern handelte es sich um Schiffe, die mit brennbaren Materialien und Sprengstoff gefüllt waren. Sie wurden von einer ausgewählten Besatzung in Richtung einer feindlichen Flotte oder einer Flusssperre gesteuert oder mithilfe der natürlichen Strömung treiben gelassen. Die Besatzung musste den richtigen Moment abpassen und das Schiff in Brand stecken, um es dann mithilfe von Beibooten schnellstens zu verlassen. Einer damit angegriffenen Flotte blieb nur das Versenken des Branders durch Geschützfeuer oder die schnellstmögliche Flucht. Eine Vorsichtsmaßnahme gegen diese Bedrohung bildeten kleine Ruderboote, deren Besatzungen die Feuerschiffe mithilfe von Haken und Seilen vom Kurs abbringen konnten.

# 22 Machtkampf in Japan – Die Schlacht von Sekigahara 1600

**Bei Sekigahara wurde die größte, jemals auf japanischem Boden geführte Schlacht ausgetragen. Gleichzeitig war sie auch die letzte große Auseinandersetzung, auf die in dem anschließend geeinten Land eine Friedensperiode von 250 Jahren Dauer folgte.**

Seit dem 15. Jahrhundert befand sich Japan in einem permanenten Kriegszustand. Zahlreiche Fürsten bekämpften sich gegenseitig bis zum Äußersten, bis der Kriegsherr Oda Nobunaga um Mitte des 16. Jahrhunderts einen Großteil des Landes unter seiner Herrschaft vereinigen konnte. Diese Bestrebungen setzte sein Nachfolger Toyotomi Hideyoshi fort, der sich bis 1592 zum Herrn ganz Japans gemacht hatte. Hideyoshi starb im September 1598, doch zuvor gelang es ihm noch, seinem erst fünfjährigen Sohn und Erben Hideyori die Macht zu sichern. Doch schon bald darauf kämpften zwei Kriegsherrn um die Alleinherrschaft in Japan: auf der einen Seite der mächtige Tokugawa Ieyasu, auf der anderen Ishida Mitsunari. Ieyasu bildete aus seinen Anhängern die Armee des Ostens, während Ishida Mitsunari, der vorgab, im Namen des minderjährigen Hideyori zu handeln, mit seinen Verbündeten die Armee des Westens aufstellte (die der sogenannten Loyalisten).

Der zur Schlacht von Sekigahara führende Feldzug beider Armeen hatte bereits im Juli seinen Anfang genommen. Am 21. Oktober des Jah-

### Ashigaru – »die Leichtfüßigen«

Zur Zeit der großen innerjapanischen Kriege des 15. und 16. Jh. beherrschten immer größere Massenheere die Schlachtfelder. Daher mussten die großen Kriegsherren immer häufiger auf einfache Fußkämpfer zurückgreifen, die nicht zu der Schicht der Samurai gehörten. Diese als Ashigaru bezeichneten Truppen trugen einfache, aber robuste uniformähnliche Rüstungen und waren mit Bogen, langen Lanzen sowie den neuartigen Arkebusen bewaffnet. Die früher das Schlachtfeld beherrschenden Samurai entwickelten sich dadurch in Richtung eines Offizierskorps. Nach dem Ende der innerjapanischen Auseinandersetzungen wurden die Ashigaru in den Stand der Samurai integriert.

res 1600 standen sich beide, je etwa 80 000 Mann starken Heere am strategisch wichtigen Pass von Sekigahara gegenüber. Ieyasus Ziel bestand darin, von hier aus in Richtung Kyoto und Osaka durchzubrechen, während Mitsunari seine Stellungen an die Berge anlehnte, die sich beidseitig der Straße nach Osaka erhoben. Damit seine Schützen Deckung hatten ließ er zusätzlich noch Feldbefestigungen aus Bambuszäunen errichten. Mitsunari hatte die meisten seiner Truppen auf der nördlichen Seite der Straße konzentriert, südlich davon standen die Männer des Kobayakawa Hideaki, der im entscheidenden Augenblick einen Flankenangriff durchführen sollte. Dieser hatte jedoch schon insgeheim die Seiten gewechselt. Gegen 8 Uhr 30 griff die Vorhut Ieyasus die Feldbefestigungen der Loyalisten an; zwei Stunden später zog er seine Hauptmacht nach vorn, ohne sie jedoch einzusetzen. Der Kampf tobte nun entlang der gesamten Front Mitsunaris, doch einige seiner Gefolgsleute griffen aus unbekannten Gründen nicht in die Schlacht ein. Die meisten der Truppen Ieyasus waren inzwischen in den Kampf involviert. Mitsunari gab nun das Zeichen für Hideaki, den Flankenangriff zu beginnen, doch dieser reagierte nicht. Zu ihm gesandte Boten wurden ohne Antwort zurückgeschickt, und Hideaki machte keine Anstalten, den nun bedrängten rechten Flügel Mitsunaris zu unterstützen. Auch Ieyasu war sich über Hideakis Absichten im Unklaren und ließ eine Abteilung Arkebusiere auf Hideakis Männer feuern. Dann gab dieser plötzlich das Signal zum Angriff und fiel in die rechte Flanke Mitsunaris.

Damit war die Schlacht entschieden und die Front Mitsunaris begann langsam zu bröckeln, um sich schließlich aufzulösen. Sekigahara war die letzte wirklich große Schlacht auf japanischem Boden. Der vollständige Sieg für Ieyasu bescherte ihm das Amt des Shoguns und sicherte die Herrschaft der Familie Tokugawa in Japan über die nächsten 250 Jahre.

Darstellung der Schlacht von Sekigahara aus der Edo-Zeit (17. Jahrhundert). Der Anteil der Arkebusenschützen wird hier ebenso hervorgehoben wie die Wirkung ihres Feuers.

»Nach dem Sieg schnalle den Helm fester.«
Tokugawa Ieyasu

23

# Die Schweden behaupten das Feld – Die Schlacht bei Lützen 1632

**Am 16. November 1632 fand bei Lützen zwischen einem protestantischen, überwiegend schwedischen Heer und einer katholisch-kaiserlichen Armee eine der Hauptschlachten des Dreißigjährigen Krieges statt, wobei die Kaiserlichen in schwere Bedrängnis gerieten.**

Im November 1632 begann der kaiserliche Feldherr Albrecht von Wallenstein damit, seine Truppen für die Überwinterung auf strategisch wichtige Orte in der Leipziger Tiefebene zu verteilen, da der schwedische Gegner offenbar keinen Schlagabtausch mehr wollte. Unter anderem schickte Wallenstein den ihm unterstellten Feldmarschall Gottfried Heinrich Graf zu Pappenheim mit seinen 6000 Mann nach Halle. Als Gustav II. Adolf von Schweden aber von der Zersplitterung der kaiserlichen Armee erfuhr, ergriff der »Löwe aus Mitternacht« sogleich die Initiative. Im Morgengrauen des 15. November brach er gen Lützen auf, um dort eine Schlacht unter für ihn günstigen Bedingungen herbeizuführen. Wallenstein erkannte erst gegen 3 Uhr nachmittags den Ernst der Lage und beorderte mit dringlichen Briefen seine Truppen zurück, insbesondere die Pappenheims. Währenddessen verzögerten kaiserliche Verteidiger den schwedischen Vorstoß derart, dass Gustav Adolf sein Heer erst mit der hereinbrechenden Dämmerung östlich von Lützen entfalten konnte – zu spät für eine taktische Überraschung. In der Nacht rückten die kaiserlichen Truppen an ihre Plätze; Pappenheim schaffte es allerdings trotz Eilmarsch nicht, noch im Dunkeln zur Hauptarmee zu stoßen.

Die Einschiffung des Leichnams König Gustav II. Adolf in dem an der Ostseeküste gelegenen Wolgast. Der Herrscher war in der Schlacht bei Lützen tödlich verwundet worden.

Die Schweden zählten etwa 19 000 Mann, die Kaiserlichen hatten an die 15 000 Soldaten zur Verfügung. Nachdem sich der Nebel kurz nach 11 Uhr aufgelöst hatte, erfolgte der Hauptstoß der Schweden gegen die schwache linke Flanke der Kaiserlichen. Die schweren finnischen Kürassiere jagten Wallensteins leichte Reiterei auseinander, sodass die Unsicherheit des linken Flügels auf das Zentrum übergriff. Sieben Geschütze der kaiserlichen Mitte wurden von den Schweden genommen. Gegen 12 Uhr traf jedoch Pappenheim mit 3000 schweren Reitern ein und drängte die Schweden zurück. Richtig stabilisieren vermochte er die kaiserliche Schlachtlinie aber nicht. Durch zwei

Musketenkugeln tödlich verwundet, musste Pappenheim tatenlos zusehen, wie seine geschockten Kavalleristen fluchtartig das Schlachtfeld verließen. In dem nun aufziehenden Nebel gelang es den Kaiserlichen schließlich, ihre Front zu festigen, zumal auf dem anderen Flügel die Schweden und ihre sächsischen Verbündeten gegen das Feuer der kaiserlichen Artillerie nicht vorankamen. Als auch noch Reiterei der Kaiserlichen in das sächsische Fußvolk eindrang, verließ Gustav Adolf seinen rechten Flügel und ritt mit einem Regiment Smålander nach Westen, um die Sachsen zu entlasten.

Vermutlich aufgrund seiner Kurzsichtigkeit geriet der »Löwe aus Mitternacht« zu nahe an die feindlichen Linien. Eine Musketenkugel zerschmetterte den linken Arm des Königs. Als ein Begleiter ihn aus der Schlacht führen wollte, stießen sie auf kaiserliche Reiter, die Gustav Adolf mit Pistolenschüssen töteten und anschließend den Leichnam ausraubten. Doch statt die Schlacht verloren zu geben, entwickelte sich ein Rachesturm. Die wütenden Schweden griffen wiederholt ungestüm an, sodass Wallenstein schließlich geordnet das Feld räumen ließ. Auf schwedischer Seite fielen 3400 Mann, 1600 wurden verwundet oder galten als vermisst. Die Verluste der Kaiserlichen beliefen sich auf 3000 bis 6000 Gefallene und Verwundete. Pappenheims Tod wurde als großer Verlust angesehen, nicht aufzuwiegen war aber bei den Schweden der Tod Gustav Adolfs, des wohl charismatischsten Feldherrn des Dreißigjährigen Krieges.

> »Ach, ihr Brüder, dass Gott erbarm! Ist keiner mehr, der vor dem Kaiser treu fechten will!«
> **Ausruf des tödlich verwundeten Feldmarschalls Graf zu Pappenheim**

**Gustav II. Adolf**

Zusammen mit dem Reichskanzler Axel Oxenstierna führte Gustav II. Adolf (1594–1632) vorbildliche Gerichts- und Verwaltungsreformen durch, förderte das Wirtschaftsleben und schuf ein schlagkräftiges Heer, mit dem er die Großmachtstellung Schwedens begründete, die bis Anfang des 18. Jh. Bestand hatte.

Der »Löwe aus Mitternacht« rettete im Dreißigjährigen Krieg den schwer bedrängten deutschen Protestantismus durch Siege bei Breitenfeld 1631 und bei Rain am Lech 1632. Durch Wallenstein wurde er nach vergeblichem Sturm auf dessen Lager bei Zirndorf Anfang September 1632 zum Abzug nach Norddeutschland gezwungen. Gustav II. Adolf fiel am 16. November in der Schlacht bei Lützen.

24

# Die »New Model Army« schlägt die Royalisten – Die Schlacht von Naseby 1645

**Am 14. Juni 1645 kämpfte in der Schlacht von Naseby in der Grafschaft Northamptonshire die Armee des Parlaments gegen das königliche Heer. Es war die letzte entscheidende Schlacht des ersten Englischen Bürgerkrieges.**

Beide Heere setzten sich aus Freiwilligen und Söldnern zusammen. Das Heer der Royalisten, das König Karl I. von England kommandierte, bestand wahrscheinlich aus nur knapp 5000 Fußsoldaten und 5000 Reitern. Die Parlamentsarmee (»New Model Army«) verfügte über 7000 bis 8000 Infanteristen sowie 6500 Kavalleristen. Befehlshaber waren Thomas Fairfax und Oliver Cromwell. Die Formationen waren weitgehend identisch: Die Hauptmacht, Musketiere und Pikeniere, befand sich im Zentrum. Die Reiterei war an den Flügeln aufgestellt, hinter der Schlachtlinie waren einige Geschütze in Stellung gegangen und der Nachschub hielt sich bereit.

Die Schlacht begann gegen 10 Uhr mit einem Angriff der Royalisten. Obgleich sie die leichten Hügel aufwärts attackieren mussten, konnten die kleinen Infanteriebrigaden der Königlichen die erste gegnerische Linie erheblich durcheinanderbringen. Vor der zweiten Linie des Parlamentsheeres kam der Angriff jedoch zum Erliegen. Prinz Rupert von der Pfalz, der Befehlshaber der königlichen Reiterei, ließ daraufhin die linke Flanke der »New Model Army« attackieren. Seine Kavalleristen konnten fast bis zum Versorgungszug der feindlichen Artillerie vordringen. Danach gab Prinz Rupert, der nicht persönlich an der Attacke teilgenommen hatte, seiner Kavallerie je-

---

**»Ironsides«**

1643 ging Cromwell daran, eine Reitertruppe aus gläubigen Puritanern aufzubauen, Männer, die nicht für Geld, sondern aus Überzeugung für ihre Sache kämpften. Ausbildung und Ausrüstung waren vorbildlich. Zudem wurden die Offiziersstellen ausschließlich nach Verdienst und Fähigkeiten besetzt, sodass auch einfache Handwerker zu Befehlshabern aufsteigen konnten. Bald waren die »Ironsides« für ihre Disziplin – auch gegenüber der Zivilbevölkerung – bekannt. Dank ihrer Kampfkraft wurden sie als Elitetruppe für das Parlament schnell unentbehrlich.

Parlamentarische Kavallerie, die »Ironsides«, feuert ihre Pistolen zur Abwehr eines royalistischen Angriffs ab. Pistolen spielten zu dieser Zeit bei der kavalleristischen Kampftaktik eine große Rolle. Dies wurde jedoch bald zugunsten der »blanken Waffe« wieder aufgegeben.

doch nicht den Befehl, das feindliche Fußvolk anzugreifen. Vielleicht hatte der Prinz zu großen Respekt vor dem Gegner, vielleicht erinnerte er sich auch an die schlechten Erfahrungen, die eine königliche Brigade bei Marston Moor am 2. Juli 1644 in einer ähnlichen Situation gemacht hatte. Die Möglichkeit eines Sieges verflüchtigte sich jedenfalls, als am anderen Flügel des Schlachtfeldes entscheidende Kämpfe einsetzten.

Cromwell hatte nicht nur mehr Soldaten zur Verfügung, sondern seine Reiter, die sogenannten »Ironsides«, hatten auch die größere Kampfkraft. Die vorderen Brigaden der Royalisten wurden zurückgedrängt und die hinteren Einheiten der Infanterie von der Seite angegriffen. Dadurch konnte Cromwell das Zentrum der königlichen Truppen stark schwächen. Die »Ironsides« machten kehrt und fielen der bislang erfolgreichen royalistischen Kavallerie überraschend in den Rücken.

Damit war die Schlacht zugunsten der »New Model Army« entschieden. An die 5000 Royalisten gerieten in Kriegsgefangenschaft, auch die eher unbedeutende Artillerie der Königlichen fiel in die Hände der Sieger. Etwa 3500 Soldaten des royalistischen Heeres waren gefallen, die Verluste der »New Model Army« sind unbekannt. Karl I. wollte zunächst noch mit seiner Leibgarde Cromwells Regimenter angreifen, ließ aber von dem Vorhaben ab, nachdem ihm der Graf von Carnwath den sicheren Tod in Aussicht gestellt hatte. Der König suchte bald darauf bei der schottischen Armee Zuflucht. Sein Lavieren zwischen den Schotten und dem Parlament führte 1648 zum zweiten Bürgerkrieg, der mit Karls Gefangennahme und Hinrichtung endete.

»Ich befehle: jeder Mann fügt sich, oder er ist entlassen. Ich dulde keinen Widerspruch von irgendeinem.«
Oliver Cromwell

# 25 Schwerste Niederlage eines spanischen Heeres – Die Schlacht bei Rocroi 1643

**Während des Französisch-Spanischen Krieges von 1635 bis 1659 traf in der Schlacht bei Rocroi am 19. Mai 1643 eine französische Armee auf eine spanische. Die Schlacht endete mit einer verheerenden Niederlage der Spanier.**

Der Schlacht von Rocroi ging eine Phase zunehmender Spannungen zwischen Katalonien und der kastillischen Oberherrschaft voraus, die damit endete, dass sich Katalonien unter französische Herrschaft stellte. Um den Einfluss der Franzosen zu beenden und um die politische Vormachtstellung Spaniens wiederherzustellen, entschloss sich der spanische Befehlshaber Herzog Francisco de Melo, die französische Festung Rocroi im Nordosten Frankreichs mit der Flandernarmee anzugreifen. Dem Herzog standen an die 27 000 Mann zur Verfügung, allerdings waren darunter auch weniger taugliche Männer, um den Mangel an Rekruten (bedingt durch die zahlreichen Kriege Spaniens) auszugleichen. Zudem war seine Reiterei nicht adäquat mit Pferden versehen, da in den spanischen Kassen mittlerweile ziemliche Ebbe herrschte.

Am 12. Mai 1643 näherten sich die Spanier der Festung und trafen für die Belagerung ihre Vorbereitungen. Zur gleichen Zeit erhielt Herzog Louis d'Enghien den Oberbefehl der französischen Truppen in der Champagne. Er beschloss, die Garnison in Rocroi zu entsetzen und den Spaniern eine Schlacht zu liefern. Durch ein rasches Manöver konnte der junge Enghien, der keinen Widerspruch duldete, sein etwa 23 000 Mann starkes Heer einige Kilometer

---

**Tercios**

In der ersten Hälfte des 16. Jahrhunderts ersannen die Spanier eine Gefechtsaufstellung, die Tercio genannt wurde. Pikeniere bildeten ein Quadrat, das von Arkebusieren oder Musketieren umgeben wurde. Die Schützen gaben den Pikenieren vor schießender Kavallerie Schutz, ihrerseits wurden sie durch die Pikeniere geschützt. Jede Kompanie besaß eine Stärke von 250 Mann. Die gestaffelte Aufstellung mehrerer Tercios wurde als spanische Ordonnanz bezeichnet. Der letzte Einsatz eines Heeres in dieser Gefechtsordnung erfolgte 1643 in der Schlacht von Rocroi.

Louis d'Enghien hält seine Kavalleristen davon ab, die Spanier niederzumachen. Diese hatten sich bereits ergeben, doch irrtümlicherweise dachten die Franzosen, die Spanier würden erneut zu den Waffen greifen.

südlich der Spanier in Position bringen. Am 18. Mai nahmen beide Armeen in einer Ebene südwestlich von Rocroi Aufstellung und begannen am Nachmittag, sich gegenseitig unter Feuer zu nehmen.

Enghien verfügte über 18 Infanteriebataillone und 32 Kompanien Kavallerie. 15 Infanteriebataillone wurden auf zwei Linien verteilt, die Reiterei übernahm den Flankenschutz. Zwischen den beiden Infanterielinien nahmen etwa 1000 Musketiere Aufstellung. Die Spanier formierten sich ähnlich. Ihr Zentrum bildeten sechs Tercios. In der Nacht auf den 19. Mai ließ Melo noch Musketiere in einem Dickicht unweit des linken Flügels platzieren, um diesen besser verteidigen zu können.

Um 3 Uhr morgens erteilte Enghien dem rechten Flügel seiner Kavallerie den Angriffsbefehl. Die erste Linie der Spanier brach rasch zusammen, konnte sich aber in der zweiten Kampflinie sammeln und weiterkämpfen. Währenddessen wurde die französische Infanterie, die bereits unter dem Beschuss der spanischen Artillerie gelitten hatte, durch die Veteranen der Tercios hart bedrängt. Zudem kam Enghiens linker Flügel durch die Reiterei des flämischen Fürsten Isembourg unter Druck. Enghien ließ daher die spanischen Reservetruppen angreifen, woraufhin die spanische Schlachtreihe in Verwirrung geriet. Die spanische Reiterei wurde in hartem Kampf niedergezwungen, dennoch kämpften die Veteranen der Tercios unerschütterlich weiter. Die erste Kavallerieattacke gegen sie wurde durch Artillerie- und Musketenfeuer abgewehrt. Auch die zweite scheiterte, wobei Enghiens Pferd tödlich getroffen wurde und eine Musketenkugel eine Kerbe in den Kürass des Herzogs schlug. Als die erschöpften Kavalleristen zum dritten Mal angriffen, schossen die spanischen Artilleristen nicht mehr – sie hatten keine Munition mehr. Enghien ließ daraufhin die Tercios mit seiner Artillerie beschießen. Rasch entstanden in den Reihen der Spanier Lücken, in die die französischen Reiter eindrangen. Ihre Infanterie setzte nach und vollendete den Sieg. Um 10 Uhr war die Schlacht beendet. Auf spanischer Seite waren an die 15 000 Soldaten gefallen, verwundet oder in Gefangenschaft geraten. Die Franzosen hatten etwa 4000 Opfer zu beklagen.

»Seine Exzellenz scheinen zu vergessen, dass er es hier mit einem spanischen Regiment zu tun hat!«
Das 11. spanische Infanterieregiment weigerte sich zu kapitulieren und kämpfte noch eine Weile, bis Enghien doch eine Kapitulation aushandeln konnte.

# Die Rettung Europas –
# Die Schlacht von Wien 1683

Nach dem ersten gescheiterten Versuch der Eroberung Wiens durch die Osmanen im Jahr 1529 erfolgte 1683 ein neuer Vorstoß. Die neun Wochen dauernde Belagerung strapazierte die Kräfte der zahlenmäßig stark unterlegenen Verteidiger bis auf das Äußerste. Kurz vor dem Zusammenbruch kam die Rettung durch ein Entsatzheer, das unter der Führung des polnischen Königs Johann III. Sobieski die Türken vor Wien vernichtend schlug.

Seitdem die Osmanen bis Mitte des 16. Jahrhunderts den größten Teil Ungarns erobert hatten, befand sich dieser Teil des Landes unter türkischer Herrschaft. Nur die westlichen Regionen waren in österreichischem Besitz verblieben. Der letzte offizielle Friedensschluss zwischen den Habsburgern und dem türkischen Sultan war erst 1664 nach der Schlacht von St. Gotthard für eine Dauer von 20 Jahren festgelegt worden. Doch im österreichischen Teil Ungarns hatte Graf Imre Thököly die dort mit der österreichischen Herrschaftsausübung unzufriedenen Teile des Adels um sich geschart und war ein Bündnis mit dem türkischen Sultan Mehmed IV. eingegangen. Der eigentliche Machthaber am Hof Konstantinopel war jedoch der Großwesir des Osmanischen Reiches, Kara Mustafa, und dieser konnte den Sultan zu einem vorzeitigen Bruch des Waffenstillstands überreden. Das Ziel Kara Mustafas bildete dabei die Eroberung Wiens – ein Schlag, der für das Habsburgerreich und auch für Europa weitreichende Folgen gehabt hätte. Sultan Mehmed sammelte bei Adrianopel (das heutige Edirne) bis März 1683 ein gewaltiges Heer, das im Lauf des am 2. April erfolgten Abmarsches durch hinzustoßende Kontingente auf gut 100 000 Mann anwuchs und u. a. schwere Belagerungsartillerie umfasste. Nach der Ankunft in Belgrad am 3. Mai übergab der Sultan zeremoniell den Oberbefehl über die Armee an Kara Mustafa. Dieser setzte seinen Marsch fort.

Nach der Schlacht im ungarischen Raab stand für Kara Mustafa der Weg nach Wien endgültig offen. Nachdem man sich dort bewusst war, dass das osmanische Heer die Stadt bald erreicht haben würde, verließ Kaiser Leopold I. mit seinem Gefolge Wien am 7. Juli in Richtung Krems. Zuvor hatte er Graf Ernst Rüdiger von Starhemberg den Oberbefehl über die Verteidigung der Stadt übertragen. Waffen, Munition und auch Nahrung waren zwar in ausreichender Menge vorhanden, doch die kampffähige Besatzung Wiens

»Nehmt die Herrschaft des Islam an und lebt unter dem Sultan in Frieden als Christen ... aber wenn ihr Widerstand leistet, dann wird der Tod, Plünderung oder die Sklaverei das Schicksal von euch allen sein!«
Aufforderung zur Übergabe der Stadt Wien

Das unter dem Oberbefehl des polnischen Königs Johann III. Sobieski stehende Entsatzheer schlug das türkische Belagerungsheer vernichtend und rettete damit Wien vor der sicheren Eroberung durch die Osmanen.

umfasste lediglich etwa 12–15 000 Mann, zu denen auch freiwillige Bürger und Studenten zählten. Wien war bereits 1529 von den Türken belagert worden, doch seitdem waren die Befestigungsanlagen der Stadt erneuert und auf den modernsten Stand der Zeit gebracht worden. Die Hauptelemente der neuen Befestigung bildeten flache, starke Bastionen (Basteien). Zwischen diesen befanden sich kleinere, dreieckige Werke, sogenannte Ravelins, die den Zwischenraum zwischen den Bastionen schützten.

Am 14. Juli erschien die osmanische Hauptmacht vor Wien und begann damit, die Stadt nach und nach von allen Seiten einzuschließen. Die Belagerung der Stadt wurde durch das Feuer der türkischen Artillerie eingeläutet, doch diese allein war unmöglich imstande, die starken Befestigungen zu bezwingen. Daher ging Kara Mustafa zu einer damals üblichen Belagerungstechnik über, bei der sich seine Männer durch das Anlegen von mehr als mannshohen Annäherungsgräben, sogenannten Sappen, an die Befestigungen heranarbeiteten. Den gesamten Raum zwischen Löbel- und Burgbastei nahm bald ein labyrinthartiges Gängesystem ein. Das Kernstück der türkischen Angriffstaktik bildet das Anlegen von unterirdischen Minen, die, mit Sprengstoff gefüllt, zur Explosion gebracht wurden. Unmittelbar nach der Sprengung einer solchen Mine stürzte sich die in den Gräben bereitstehende türkische Infanterie, hauptsächlich die gefürchtete Elitetruppe der Janitscharen, in die entstandene Bresche, die von den Verteidigern sofort mit vorbereiteten Hindernissen so gut als möglich verbarrikadiert wurde. Gelegentlich unternahmen die Verteidiger Ausfälle, um in Überraschungsangriffen die türkischen Belagerungsgräben zu zerstören. Auch unterirdisch tobten die Kämpfe, da man von der Stadtseite her Gegenminen anlegte. Ziel war es, die feindlichen Minen aufzuspüren und unschädlich zu machen. Immer wieder erfolgten diese Angriffe, die auf beiden Seiten mit großen Verlusten verbunden waren, doch schließlich begann die türkische Angriffstaktik Früchte zu tragen.

Türkische Planzeichnung, die die Stadt Wien und die östlich neben der Stadt fließende Donau zeigt.

Am 12. August hatten sich die Türken am Burgravelin festgesetzt. Die Löbel- und die Burgbastion hatten durch fortgesetzte Minensprengungen bereits schwere Schäden erlitten. Die Lage der Verteidiger wurde langsam unhaltbar. Doch der diplomatischen Arbeit Kaiser Leopolds, der sich inzwischen im Exil in Passau befand, war schließlich Erfolg beschieden. Seine Hilferufe waren gehört worden: Ein unter dem Oberbefehl des polnischen Königs Johann III. Sobieski stehendes Entsatzheer näherte sich von Nordwesten her dem belagerten Wien. Neben dem polnischen König befehligte der Kurfürst Max Emanuel von Bayern ein Kontingent seiner eigenen Armee, ebenso der Kurfürst Johann Georg III. von Sachsen. Am 12. September bezog das knapp 80 000 Mann starke alliierte christliche Heer Stellung auf den Höhen des Kahlenbergs. Auf dem linken Flügel standen Herzog Karl von Lothringen mit den kaiserlichen Truppen und den Sachsen, das Zentrum bildete Kurfürst Max Emanuel zusammen mit dem Fürsten von Waldeck, auf dem rechten Flügel stand König Johann III. Sobieski mit dem Herzog von Lauenburg.

Kara Mustafa setzte nun etwa 75 000 Mann gegen das Entsatzheer ein. Diese richtete ihre Aufmerksamkeit zunächst auf die dem alliierten linken Flügel der Stadt Wien vorgelagerten Dörfer. Nach hartem Kampf wurde zunächst eine Nussberg genannte Anhöhe genommen, dann Artillerie hinaufgeschafft und von dort der Ort Nussdorf unter Feuer genommen. Kara Mustafa befahl nun Ibrahim Pascha, dem Befehlshaber des türkischen rechten Flügels, einen massiven Gegenangriff, der nur unter großen Mühen abgewehrt werden konnte. Dabei stürzte sich Kurfürst Georg III. mit einem Garderegiment selbst in den Kampf und wurde leicht verwundet. In den zerstörten Häusern von Nussdorf hatte sich türkische Infanterie verschanzt und einen ersten Angriff kaiserlicher Infanterie abgewehrt. Abgesessene kaiserliche Dragoner, Infanterie und sächsische Truppen konnten schließlich das Dorf einnehmen und die Türken vertreiben. Von dort aus erfolgte die Eroberung von Heiligenstadt.

Im alliierten Zentrum war der Widerstand etwas geringer, hier drangen der Kurfürst Max Emanuel mit seinen Bayern und den Reichskontingenten unaufhaltsam vor: Die diszipliniert vorgehende Infanterie gab Salve um Salve ab, Geschütze wurden nach vorn gezogen, die ein vernichtendes Kartätschfeuer auf kurze Entfernung eröffneten. Dann rückte die Infanterie erneut vor. Gegen Mittag bildete das alliierte Zentrum und der linke Flügel eine geschlossene Frontlinie. Nun erreichten auch die Polen den für sie vorgesehenen Ausgangspunkt, und der Schwerpunkt der Schlacht verschob sich auf den rechten Flügel der Alliierten. Von den Anhöhen eröffnete die polnische Artillerie das Feuer und unterstützte so die Angriffsbewegungen der Infanterie und Kavallerie.

Doch die Türken leisteten nach wie vor hartnäckigen Widerstand: Die Schlacht war noch nicht entschieden. Ungefähr 1500 Janitscharen hatten sich in den Weingärten bei Pötzleinsdorf festgesetzt, doch Infanterie und Kürassiere des Herzogs von Lauenburg gelang es, sie zu vertreiben. Ein nicht mit großem Nachdruck geführter Angriff tatarischer Krieger wurde abgewehrt, und nach und nach kam die Übermacht des Entsatzheeres voll zum Tragen. König Sobieski sandte 150 Flügelhusaren zu einem Vorstoß gegen die türkischen Linien, die aber unter schweren Verlusten zurückgeschlagen wurden. Kara Mustafa begann nun, Truppen von seinem rechten Flügel abzuziehen, um sie den Polen entgegenzuwerfen – doch vergebens. Die türkische Front fing bereits an, am rechten Flügel und im Zentrum zu bröckeln, als der Generalangriff der polnischen Kavallerie einsetzte. Um 17 Uhr brach der türkische Widerstand vollkommen zusammen und das osmanische Heer befand sich in Auflösung. Kara Mustafa floh auf Bitten seiner Befehlshaber vom Schlachtfeld, doch nur, um bald darauf vom Sultan zum Tode verurteilt zu werden.

## Osmanische Belagerungstechnik

Im Zeitalter der Feuerwaffen wäre ein unvorbereiteter Sturmangriff auf eine befestigte Stadt Selbstmord gewesen. Daher ruhte die Angriffsweise der Türken auf drei Pfeilern: die Annäherung durch Gräben, der Beschuss durch Artillerie und die Minensprengung. Europäischen Beobachtern zufolge war das Artilleriefeuer jedoch nicht sehr effektiv, da es von zu weit hinten liegenden Stellungen aus erfolgte. Als gefährlich erwiesen sich jedoch die geschickten osmanischen Mineure. So waren die zur Sprengkammer führenden Gänge nur einen guten Meter hoch, was eine bessere Verdämmung der Kammer und somit eine gesteigerte Wirkung der folgenden Explosion zur Folge hatte.

27

# »Die Verschiebung der politischen Weltachse« – Die Schlacht von Höchstädt 1704

**In einem wagemutig geführten Feldzug nach Süddeutschland gelang dem Herzog von Marlborough zusammen mit den unter Führung von Prinz Eugen stehenden kaiserlichen Truppen bei Höchstädt ein entscheidender Sieg über die verbündeten Franzosen und Bayern. Der Spanische Erbfolgekrieg war damit zwar nicht entschieden, doch die Niederwerfung Bayerns führte zu einem völlig neuen Kräfteverhältnis, das sich letztendlich zugunsten der Alliierten auswirken sollte.**

Der Spanische Erbfolgekrieg, der von 1701 bis 1714 andauerte und in dessen Rahmen sich die Schlacht bei Höchstädt abspielte, entzündete sich um das Erbe König Karls II. von Spanien, des letzten Habsburgers auf dem spanischen Thron. Der 1701 begonnene Krieg wurde zu Beginn des Jahres 1704 für Österreich zunehmend gefährlich. Wien war sowohl im Osten als auch im Westen bedroht: In Ungarn durch eine stattfindende Rebellion und im Westen durch einen bevorstehenden Angriff französischer und bayerischer Truppen, dem Österreich nichts entgegensetzen konnte. Die große Gefahr in Süddeutschland konnte das Ende der Allianz bedeuten. Genau dies erkannte John Churchill, der Herzog von Marlborough, der als Generalkapitän der britisch-niederländischen Streitkräfte diente. Sein gewagter Plan sah einen Feldzug in Richtung Süddeutschland vor, um dort dem bedrängten Österreich zu Hilfe zu kommen.

### Uniform und Gewehr

Der Beginn des Spanischen Erbfolgekriegs war auch die Geburt des modernen Soldaten. Die Infanteristen waren alle einheitlich mit dem erst vor Kurzem eingeführten Steinschlossgewehr mit Dillenbajonett bewaffnet. Gelegentlich kam noch ein kurzer Säbel als Seitenwaffe hinzu. Die neuartigen Bajonette erlaubten es dem Soldaten, mit aufgepflanztem Bajonett zu laden und zu schießen – so war er nicht mehr auf den Schutz durch Pikeniere angewiesen. Auch die Uniformierung der Soldaten hatte sich endgültig durchgesetzt.

Am 20. Mai 1704 erfolgte westlich von Köln der Abmarsch eines je zur Hälfte aus Engländern und Niederländern bestehenden, etwa 21 000 Mann starken Heeres in Richtung Süden. Dieses Heer wurde auf dem Marsch durch weitere 20 000 Mann niederländischer und deutscher Truppen verstärkt. Am 22. Juni stand Marlborough nördlich vor Ulm und vereinigte sich dort mit den Truppen Ludwigs von Baden. Ebenfalls in der Nähe von Ulm befanden sich Max Emanuel mit bayerischen Truppen und der Marschall Ferdinand de Marsin mit der französischen Donauarmee, insgesamt etwa 35 000 Mann. Nach der Ankunft Marlboroughs gingen die bayerisch-französischen Truppen in einem durch Feldbefestigungen geschützten Lager zwischen Lauingen und Dillingen in Stellung. Gleichzeitig zog die unter dem Befehl des Marschalls Tallard stehende französische Oberrheinarmee als Verstärkung durch den Schwarzwald heran. Herzog von Marlborough hatte jedoch vor, die Donaulinie zu durchbrechen, und wandte sich deshalb nach Osten in Richtung der Stadt Donauwörth. Zur Sicherung des dortigen Donauübergangs hatte Max Emanuel 13 000 Mann hauptsächlich bayerischer Truppen entsandt, um sich dort auf dem direkt neben der Stadt gelegenen Schellenberg zu verschanzen und diese Position gegen Marlborough zu halten. Noch während die Arbeiten an den Feldbefestigungen in vollem Gange waren, erreichte am 2. Juli die 50 000 Mann starke Armee des Herzogs von Marlborough Donauwörth und nahm die hart verteidigte Stellung ein. So konnte Marlborough die Donau überqueren, doch anders als vermutet wich Max Emanuel nicht nach Osten über den Lech zurück, sondern wartete südlich der Donau auf die Ankunft des Marschalls Tallard.

Zwischenzeitlich war auch Prinz Eugen von Norden her mit etwa 17 000 Mann heranmarschiert und westlich von Donauwörth in Stellung gegangen. Der Kurfürst und Tallard beschlossen, die Donau in Richtung Nor-

Der Herzog von Marlborough und Prinz Eugen fügten bei Höchstädt den französisch-bayerischen Truppen eine schwere Niederlage zu und lenkten den Verlauf des Spanischen Erbfolgekriegs in neue Bahnen von historischer Tragweite.

den zu überqueren. Dort sollte zuerst der noch isolierte Prinz Eugen geschlagen werden, dann wollte man sich dem Herzog Marlborough zuwenden. Dieser eilte jedoch seinem Verbündeten sofort zu Hilfe, und so hatte sich am 11. August die alliierte Armee von etwa 53 000 Mann im Raum westlich von Donauwörth vereinigt. Das in etwa gleichstarke französisch-bayerische Heer hatte mittlerweile bis zum 12. August wenige Kilometer nördlich von Höchstädt Stellung bezogen und wurde dort von dem plötzlichen Auftauchen der Alliierten am Morgen des 13. August ziemlich überrascht.

Trotzdem befanden sich die französisch-bayerischen Truppen in einer relativ günstigen strategischen Lage. Ihre Front erstreckte sich über sieben Kilometer. Während sich die linke Flanke an eine Goldberg genannte Geländeerhöhung stützen konnte, ruhte die rechte Flanke sicher an der Donau. Gleichzeitig erstreckten sich von Osten nach Westen die drei Dörfer Blindheim, Oberglauheim und Lutzingen, die als befestige Stellungen dienten. Darüber hinaus verlief parallel zur gesamten Front der zwar kleine, aber in sumpfigem Gelände gelegene Nebelbach, der ein weiteres Hindernis darstellte. Aufgrund dieser besonderen Verhältnisse konzentrierten beide Seiten ihre Infanterie auf den Flügeln und im Zentrum, während die Kavallerie im Raum zwischen den Dörfern Aufstellung nahm. Die französisch-bayerischen Truppen des Kurfürsten und Marschalls Marsin – zusammen gut 30 000 Mann – standen auf dem linken Flügel und dem linken Zentrum; die gut 22 000 Franzosen des Marschalls Tallard schlossen sich östlich von Oberglauheim an diese an und stellten somit den rechten Flügel dar. Auf der alliierten Seite standen auf dem linken Flügel und im Zentrum die 34 000 Mann starken Truppen Marlboroughs, auf dem rechten Flügel stand Prinz Eugen mit seiner 19 000 Mann starken Armee.

Der Aufmarsch der Alliierten vollzog sich planmäßig, und gegen Mittag setzte Marlborough englische Infanterie zum Sturm auf das Dorf Blindheim an. Obwohl der Angriff scheiterte, zeigte sich der französische Offizier, der diesen Abschnitt befehligte, dermaßen beeindruckt, dass er die hinter dem Dorf stehende, 9000 Mann starke Infanteriereserve heranführte und im Dorf Stellung beziehen ließ. Dies sollte sich als fataler Fehler erweisen, denn dadurch war die Verbindung zu den westlich stehenden Truppen Marsins nur noch durch 5000 Mann

Prinz Eugen hatte bereits vor Höchstädt großen Ruhm als siegreicher Feldherr in den Türkenkriegen geerntet (Gemälde, 1718).

Kavallerie und 4000 Infanteristen gedeckt. Eben auf diese Lücke konzentrierte nun Marlborough seine Anstrengungen. Während er die Besatzung des befestigten Blindheim beständig durch Scheinangriffe in Atem hielt, zog er den Großteil seiner Truppen im Raum zwischen Blindheim und Oberglauheim zusammen, um dort die feindliche Schlachtlinie zu durchbrechen. Immer mehr alliierte Truppen überquerten dort den Nebelbach, und als Tallard dort endlich mit seiner Kavallerie zum Gegenangriff überging, brachte er Marlborough für kurze Zeit zwar in schwere Bedrängnis, die dieser aber durch den Einsatz von Verstärkungen meistern konnte.

Zur selben Zeit war auch der Angriff Prinz Eugens auf den linken französisch-bayerischen Flügel gescheitert. Bis zu diesem Zeitpunkt hatten sich für Franzosen und Bayern die Umstände ganz günstig entwickelt, doch gegen 16 Uhr wendete sich das Blatt allmählich. Marlborough setzte nun mit 16 500 Mann Kavallerie und Infanterie im Raum zwischen Oberglauheim und Blindheim zum entscheidenden Angriff an. Tallard versuchte mit einer Gegenattacke seiner 7000 Mann umfassenden Kavallerie den feindlichen Vorstoß aufzuhalten, diese scheiterte jedoch an der kombinierten feindlichen Infanterie- und Kavallerietaktik, die die französischen Reiter zum Rückzug zwang. Die schwachen französischen Infanteriekräfte konnten gegen die zahlenmäßig stärkere alliierte Infanterie nicht standhalten, da diese nun auch Artillerieunterstützung erhielt. Die in dem verheerenden alliierten Feuer tapfer standhaltenden französischen Infanteriebataillone wurden zermürbt und durch einen folgenden Kavallerieangriff endgültig zerschmettert. Tallard versuchte vergeblich, mit einer erneuten Reiterattacke das Blatt zu wenden, doch seine Kavallerie wurde durch einen Großangriff 8000 alliierter Kavalleristen praktisch überrannt. Er selbst geriet in Gefangenschaft. Gegen 18 Uhr war die Schlacht so gut wie entschieden, der linke Flügel hatte zwar nach wie vor gegen Prinz Eugen standgehalten, doch der Durchbruch Marlboroughs machte die Position des Kurfürsten und Marsins unhaltbar, was deren sofortigen Rückzug in Richtung Lauingen zur Folge hatte. Gegen 20 Uhr ergab sich auch die 11 000 Mann starke Besatzung des Dorfes Blindheim. Die Schlacht war vorüber. Sie hatte auf beiden Seiten einen hohen Blutzoll gefordert, man rechnet mit mehr als 12 000 Toten und Verwundeten auf alliierter Seite und etwa 13 000 Mann Verlusten auf der Seite der Franzosen und Bayern, zu denen noch etwa 11 000 Gefangene hinzukamen.

»Wir schickten diesen Morgen 3000 Husaren los ... mit Befehl, alles Land im Umkreis niederzubrennen und zu zerstören. Dies ist so sehr meiner Natur entgegen ...«
**Der Herzog von Marlborough**

# 28 Eine neue Macht steigt auf – Die Schlacht von Poltawa 1709

**Bei Poltawa errang das durch Zar Peter I. modernisierte russische Heer einen glänzenden Sieg über die Schweden. Damit war auch die Vormachtstellung Schwedens im Ostseeraum erschüttert, die nach Beendigung des Krieges schließlich an Russland überging.**

Nach dem Dreißigjährigen Krieg nahm Schweden den Rang einer Großmacht ein. 1699 bildeten Dänemark, Sachsen-Polen und Russland eine Koalition mit dem Ziel, diese Stellung zu brechen. Es kam zum Zweiten Großen Nordischen Krieg (1700–1721). König Karl XII. von Schweden schlug zunächst die Dänen und im Jahr 1700 den russischen Zaren Peter I. bei Narwa. Im Januar 1708 unternahm Karl einen Feldzug nach Russland, um Moskau zu erobern. Doch die Russen wandten die Taktik der »verbrannten Erde« an, und so sah sich Karl gezwungen in die Ukraine zu marschieren, wo er in dem Hetman der Kosaken, Mazeppa, einen Verbündeten hatte. Das 32 000 Mann starke schwedische Heer konnte den harten Winter 1708/09 leidlich überstehen.

Die Angriffe der Russen auf die Kosaken verhinderten, dass diese Karl zu Hilfe kommen konnten, und schließlich sah sich Karl aufgrund fehlender Vorräte gezwungen, im späten Frühjahr 1709 die kleine Stadt Poltawa an der Worskla zu belagern. Der Zar entschloss sich dazu, Poltawa zu entsetzen, und zog mit einem Heer von 44 000 Soldaten heran. Kurz vor Beginn der Schlacht war König Karl verwundet worden. Dennoch plante er den Angriff auf die Russen für den 28. Juni. Die Schweden wollten das russische Lager umgehen und sich zwischen dieses und die über die Worskla führenden Brücken setzen, um die Schlacht zu erzwingen. Peter hatte zwischenzeitlich den Anmarschweg der Schweden durch die Anlage von mit Artillerie besetzten Schanzen versperren lassen und hinter diese einen starken Verband von Dragonern gelegt.

Die schwedischen Truppen waren in vier Infanterie- und sechs Kavalleriekolonnen geteilt, von denen einige die Schanzen angreifen und die anderen durch diese hindurch weiter vordringen sollten, um die russische Hauptmacht zu stellen. Zunächst griff der rechte schwedische Flügel unter Generalmajor Carl Gustav Roos die partiell noch unfertigen Schanzen an und konnte sie teilweise einnehmen, dann verlor er aber den Kontakt zur Hauptmacht, die die Schanzen unerwarteter Weise im Westen umgangen hatten. Dadurch wurde er von den Russen isoliert angegriffen und musste

> »Wenn er sich mit sechs Bataillonen nicht verteidigen will, dann soll er [Generalmajor Roos] zum Teufel tun, was er will, ich kann ihm nicht helfen«
> Generalmajor Sparre

Die von Zar Peter I. reformierte russische Armee errang bei Poltawa einen entscheidenden Sieg über die Schweden. Hier werden die erbeuteten schwedischen Waffen und Fahnen vor dem Zaren ausgebreitet.

sich schließlich ergeben. Die russische Hauptmacht hatte samt zahlreichen Geschützen zwischenzeitlich vor ihrem Lager Aufstellung genommen. Die nur noch 18 000 Mann starken Schweden griffen praktisch ohne Artillerieunterstützung in Linie an, wurden aber auf dem linken Flügel durch vernichtendes russisches Geschützfeuer aufgehalten. Der rechte schwedische Flügel schaffte im Bajonettangriff den Durchbruch und drang auf die zweite russische Linie vor.

Zar Peter trieb seine Männer an, die nun im Zentrum zum Gegenangriff übergingen. Die schwedische Kavallerie konnte sie jedoch nicht aufhalten, die Infanterie wurde immer weiter zurückgedrängt. Ein weiterer schwedische Kavallerieangriff auf dem rechten Flügel wurde abgewiesen, und langsam brach das schwedische Zentrum zusammen. Der auf einer Tragbahre liegende Karl wurde zurückgebracht – damit war die Schlacht vorbei. Etwa 7000 Schweden waren gefallen, 2800 gerieten in Gefangenschaft. Die Russen verloren nur etwa 1300 Mann.

### Karl XII. – Der schwedische Soldatenkönig

Karl XII. hatte 1697 den schwedischen Thron bestiegen und war bei Ausbruch des Großen Nordischen Krieges erst 18 Jahre alt. Er führte diesen Krieg trotz seiner Jugend zunächst äußerst erfolgreich, doch mit der Schlacht von Poltawa begann sein Stern zu sinken. Am Dnjepr musste er beim Rückzug bis auf 1000 Mann sein gesamtes restliches Heer zurücklassen und suchte in dem zum Osmanischen Reich gehörenden Bessarabien Zuflucht. In den Jahren 1713/14 hielt er sich dort als Gefangener auf und setzte nach seiner Rückkehr nach Schweden seinen Kampf fort. 1718 fiel er bei der Belagerung der Festung Frederikshald in Südnorwegen.

# 29 Friedrich II. siegt in Schlesien – Die Schlacht von Leuthen 1757

**In der Anfangsphase des Siebenjährigen Krieges fand am 5. Dezember 1757 die Schlacht von Leuthen statt. Im Verlauf dieses Gefechtes besiegten die Preußen unter König Friedrich II. das österreichische Heer, das Prinz Karl Alexander von Lothringen kommandierte.**

Friedrich der Große, König von Preußen, hält vor der Schlacht eine Ansprache an seine Generale (Gemälde, 1858).

Im Herbst 1757 befand sich Preußen nach mehreren Niederlagen in einer defensiven Position. Allerdings hatte Friedrich II. in der Schlacht von Rossbach am 5. November 1757 einen überragenden Sieg über eine französische und eine Reichsexekutionsarmee erringen können. Der König fasste daraufhin den Entschluss, durch einen gezielten Vorstoß wieder in den Besitz der Provinz Schlesien zu kommen. Am Abend des 4. Dezember hielt Friedrich II. vor seinen Generälen eine eindringliche Rede, in der er sie ermahnte, die Österreicher, wo immer man auf sie stoße, anzugreifen.

In der Morgendämmerung des trüben 5. Dezember marschierte das 29 000 Mann starke preußische Heer auf die Ortschaft Leuthen zu, wo 66 000 Österreicher auf einer Breite von fast neun Kilometern Stellung bezogen hatten. Zunächst ließ Friedrich II. seinen linken Flügel Scheinangriffe ausführen, worauf Karl Alexander seine Reserven an diese Stelle beorderte.

**Friedrich II., Friedrich der Große**

Unter Friedrich II. wurde Preußen zur europäischen Großmacht. 1756 fiel das preußische Heer in Sachsen ein, wodurch der König den Siebenjährigen Krieg auslöste. Er errang glänzende Siege, musste aber auch schwere Niederlagen hinnehmen. Mit dem unerwarteten Friedensschluss Russlands durch den neuen Zaren Peter III. konnte die Katastrophe für Preußen abgewendet werden. Durch den Frieden von Hubertusburg 1763 konnte Friedrich II. als Sieger aus diesem Krieg hervorgehen und damit Preußens Stellung als europäische Großmacht sichern.

Das preußische 3. Garde-bataillon nimmt den Kirchhof von Leuthen im Sturm (Farbdruck, um 1900).

Gedeckt durch eine Hügelkette, zog die preußische Hauptmacht unter-dessen nach Süden. Als kurz nach Mittag die Sonne durch den Nebel brach, machte die preußische Avantgarde eine halbe Linksschwenkung, die sie in eine Position im rechten Winkel zur österreichischen linken Flanke brachte. Als der Sturmangriff auf den linken Flügel der Österreicher einsetzte, war deren Front durch die Verzettelung im Norden schon dergestalt auseinan-dergerissen, dass auch die Gegenwehr einiger österreichischer Kavallerie-einheiten dem überraschenden und massierten Vordringen des rechten preußischen Flügels keinen Einhalt gebieten konnte. Zudem gelang den Preußen das damals noch ungewohnte Manöver eines Stellungswechsels der Artillerie während des Gefechts.

Die Österreicher wichen nun nach Leuthen zurück und verschanzten sich im Dorf. Das Erstürmen des Kirchhofes erforderte große Verluste, bis es dem 3. Bataillon glückte, durch das aufgesprengte Tor an der Ostseite ein-zudringen. Als sich gegen 5 Uhr die Sonne zu senken begann, setzte sich der österreichische Kavalleriegeneral Lucchese mit 70 Schwadronen in Bewe-gung, um ein letztes Mal den linken Flügel der Preußen anzugreifen. Ehe es aber zur Ausführung kam, fielen 50 bislang verdeckt gehaltene Schwadronen des preußischen Generalleutnants Driesen in die rechte Flanke. Die öster-reichischen Schwadronen wurden gegen die eigene Infanterie gedrängt, die im gleichen Moment unter einem preußischen Bajonettangriff stand. Die-ser Vorgang führte zur endgültigen Auflösung der österreichischen Schlacht-ordnung. Karl Alexander gab die Schlacht verloren und ließ das Feld räumen. Beim Rückzug erlitten die Österreicher noch einmal erhebliche Ver-luste, denn der Preußenkönig hatte eine scharfe Verfolgung angeordnet.

Nach der Schlacht lagerten die preußischen Sieger und sangen den pro-testantischen Choral *Nun danket alle Gott*, der als »Choral von Leuthen« in die Geschichte einging. Die Preußen hatten etwa 6400 Mann verloren, die österreichischen Verluste beliefen sich auf 22 000 Soldaten, darunter 12 000 Gefangene. Karl Alexander zog sich über die Grenze zurück und ließ 17 000 Mann führerlos in Breslau zurück, die am 20. Dezember kapitulierten.

> »Das Bataillon Infante-rie, das – es treffe, wo-rauf es wolle – auch nur zu stocken anfängt, verliert die Fahne und das Seitengewehr, und ich lasse ihm die Litzen von der Montur schnei-den.«
> Friedrich II. vor der Schlacht bei Leuthen

# 30 Kampf um Nordamerika –
## Die Schlacht bei Québec 1759

**Während des Siebenjährigen Krieges blieben die Kampf-handlungen nicht auf Europa beschränkt, sondern dehnten sich auch auf die Weltmeere und den überseeischen Koloni-albesitz der kriegführenden Nationen aus. Hierbei spielte der Kampf in Nordamerika eine besondere Rolle.**

Im Siebenjährigen Krieg (1756–63) standen Großbritannien und Preußen einer aus Frankreich, Österreich und Russland gebildeten Koalition gegen-über. Schon zwei Jahre vor dem Kriegbeginn in Europa war es auch in Nord-amerika zwischen Großbritannien und Frankreich zu Feindseligkeiten gekommen. Die französischen Besitzungen, Neu-Frankreich mit der Haupt-stadt Québec, befanden sich im Landesinneren Kanadas, während die bri-tischen Kolonien an der Ostküste der heutigen USA lagen. Von dort aus waren die Briten mehrmals in Richtung der französischen Gebiete vorge-drungen, aber immer wieder abgewehrt worden.

Ein neuer Plan sah den Angriff einer amphibischen Streitmacht über den Sankt-Lorenz-Strom in Richtung Québec vor. Ende Juli 1758 war die am Sankt-Lorenz-Golf gelegene Sperrfestung Louisbourg von den Briten erobert worden, und der Weg flussaufwärts war frei. Den Oberbefehl über das Un-ternehmen führte der begabte, aber unbeliebte General James Wolfe, der über eine Streitmacht von etwa 8500 Mann befehligte. Am 26. Juni 1759 an-kerte die Invasionsflotte in der Bucht von Québec. Die Stadt lag auf einem Felssporn hoch über dem Fluss und war von drei Seiten durch Wasser ge-schützt. Darüber hinaus hatten die Franzosen Québec mit den modernsten Befestigungsanlagen versehen, sodass eine Eroberung aussichtslos schien. Den Befehl über Québec führte der französische Marquis Louis-Joseph de Montcalm. Er verfügte zwar über doppelt so viele Truppen wie die Briten, diese waren jedoch nicht sonderlich gut ausgebildet.

Wolfe besetzte zuerst das der Stadt gegenüberliegende Südufer und er-richtete dort eine Artilleriestellung. Dann erfolgte am 31. Juli ein erster An-griff auf die Stadt von Osten her, der aber unter hohen Verlusten scheiterte. Am 7. September segelte die britische Flotte stromaufwärts, um einen ge-eigneten Landeplatz weiter westlich zu finden; durch Zufall gelang dies auch. Am 12. September segelte die britische Flotte auf dem Fluss hin und her, um den Feind zu täuschen, während am frühen Morgen des 13. Sep-tember die Landungsboote die Truppen ans Ufer brachten; dann nahmen

> »Sir, da ich gezwungen bin, Québec zu überge-ben, habe ich die Ehre, unsere Kranken und Verwundeten der Obhut Ihrer Excellenz anzuempfehlen und Sie um den Austausch der Gefangenen zu bitten, wie es vereinbart ist zwischen seiner Aller-christlichsten Majestät und seiner Britanni-schen Majestät ...«
> Marquis de Montcalm, Kommandeur der franzöischen Truppen bei Québec

Québec wurde im Lauf der britischen Belagerung durch ständigen Beschuss schwer in Mitleidenschaft gezogen. Die Eroberung der Stadt erfolgte jedoch durch die vor den Befestigungen ausgetragene Feldschlacht.

4500 Briten auf der vor Québec liegenden Ebene Aufstellung. Montcalm machte nun den entscheidenden Fehler, seine Truppen von der Festung aus auf das Plateau zu schicken, um den Briten dort entgegenzutreten. Die französischen Truppen gingen zum Angriff über und feuerten eine Salve, gingen weiter vor und gaben noch eine Salve ab. Die Briten erlitten zwar Verluste, hielten ihr Feuer aber zurück, bis die Franzosen auf 50 Meter herangekommen waren.

Dann krachte die erste britische Salve auf kürzeste Entfernung in die französischen Reihen. Der Kugelhagel richtete wahre Verheerungen an. Es folgte der britische Angriff mit dem Bajonett, doch nur noch Wenige in den französischen Reihen hielten stand. Damit war eine der kürzesten Schlachten der Geschichte entschieden. Allerdings hatten sowohl Wolfe als auch Montcalm während der kurzen Begegnung tödliche Wunden davongetragen. Obwohl die Schlacht von Québec vom militärischen Standpunkt aus gesehen keine so große Bedeutung hatte, so sollte ihr Ergebnis weltpolitisch bedeutsame Auswirkungen haben.

### Französische Festungen in Nordamerika

Die Franzosen hatten ihre nordamerikanischen Territorien durch zahlreiche Forts und größere Festungen gesichert, unter denen die von Montréal, Louisbourg und Québec die stärksten waren. Deren Struktur basierte auf dem Werk des großen französischen Festungsbauingenieurs Sébastian Le Prestre de Vauban (1633–1707). Die Mauern waren so angelegt, dass kein toter Winkel entstehen konnte, in dem sich der Feind nicht im Schussfeld befand. Allerdings musste man in Nordamerika dieses System an die dortigen Verhältnisse anpassen, da in dem dünnbesiedelten Gebiet nicht genügend Arbeitskräfte zur Verfügung standen, um die Festungen exakt nach europäischem Vorbild zu bauen.

**31**

# Der entscheidende Sieg im Unabhängigkeitskrieg – Die Schlacht von Saratoga 1777

**Im Sommer 1777 brach eine britische Armee unter General John Burgoyne aus Kanada zu einem Feldzug gegen die amerikanischen Rebellen auf, um Albany am Hudson einzunehmen. Doch bei Saratoga ging die britische Streitmacht in die Falle der Amerikaner.**

Die Schlacht von Saratoga bestand aus zwei Einzelgefechten, von denen das erste die Schlacht von Freeman's Farm war. Am 19. September stieß die etwa 10 000 Mann starke britische Armee während einer Aufklärungsmission in den Wäldern um Freeman's Farm auf die Streitkräfte der amerikanischen Nord-Armee, die an die 15 000 Soldaten zählte. General Benedict Arnold, der den linken Flügel der Amerikaner kommandierte, befahl, die Briten anzugreifen, während diese noch in getrennten Marschkolonnen unterwegs waren.

Unter schweren Verlusten wurden die Briten zurückgeschlagen, bevor sie einen letzten Angriff der Amerikaner abwehren konnten. Obgleich sie das Schlachtfeld aufgeben mussten, hatten die Amerikaner doch den britischen Vormarsch aufgehalten. Arnold bestürmte im Hauptquartier seinen Vorgesetzten Horatio Gates, mehr Truppen einzusetzen, doch Gates hielt nichts davon und Arnold wurde sogar vom Kommando seiner Division entbunden.

In dieser für Arnold äußerst misslichen Situation griff General John Burgoyne am 7. Oktober 1777 bei Saratoga die amerikanische Nord-Armee an. In drei Kolonnen rückten die britischen Truppen gegen die Amerikaner vor. Den Hauptangriff sollten die Braunschweiger Miettruppen gegen die Einheiten der Rebellen auf den Bemis-Höhen führen. Am frühen Morgen gingen die Braunschweiger vor, doch das Musketenfeuer der Verteidiger vernichtete die erste Angriffswelle. Ein Gegenangriff der Amerikaner rieb die Überlebenden auf. Augenblicke später erschien General Arnold auf dem Schlachtfeld. Während einer Schlacht untätig herumzusitzen, kam für ihn nicht infrage. Arnold stieß auf Einheiten aus seinem Heimatstaat Connecticut und führte die Männer gegen das britische Zentrum. Die Amerikaner rollten die britische Linie auf, Arnolds Pferd brach in einem Kugelhagel zusammen. Ein Braunschweiger feuerte seine Muskete auf den Generalmajor ab. Die Kugel traf das Bein, das schon einmal im Krieg verwundet worden war. Arnold lag monatelang auf dem Krankenbett und wurde zum General-

»Zur Erinnerung an den glänzendsten Soldaten der Kontinentalarmee, der an dieser Stelle am 7. Oktober 1777 eine schwere Verwundung erlitt, wobei er für seine Landsleute den Sieg in der entscheidenden Schlacht der amerikanischen Revolution und für sich selbst den Rang des Generalmajors erlangte.«
Inschrift auf dem Monument des Schlachtfeldes

major ernannt. Die amerikanischen Verluste beliefen sich auf 800 Gefallene, Verwundete und Vermisste, die der Briten auf 1600.

Der Sieg der Amerikaner war folgenreich. General Burgoyne kapitulierte zehn Tage später. Der Erfolg bei Saratoga brachte endlich die ersehnte französische Allianz. Frankreich hatte die Amerikaner zwar schon mit Geld, Ausrüstung und Waffen unterstützt, doch erst die Nachricht von Saratoga bewegte Paris zur Unterzeichnung eines Beistandpakts Anfang Februar 1778.

Der britische General Burgoyne übergibt nach der Niederlage bei Saratoga seinen Degen als Zeichen der Kapitulation an den amerikanischen General Horatio Gates.

### Benedict Arnold

Benedict Arnold (1741–1801), Zeit seines Lebens ruhelos und voller Energie, arbeitete zunächst als Schiffseigner, schloss sich dann aber 1775 den Truppen der rebellischen Kolonisten an, die die Briten in Boston eingeschlossen hatten. Sein militärisches Geschick bewies Arnold in mehreren Gefechten. 1781 wechselte er jedoch die Seiten – angeblich weil er überzeugt war, dass die Amerikaner den Krieg nicht hätten gewinnen können. Der wahre Anlass für seinen Verrat war aber vermutlich seine schwierige Finanzlage. Auf amerikanischer Seite wurde Arnold in der Presse diffamiert und in zahlreichen Städten als Puppe verbrannt, sein Name gilt in den USA bis heute als Synonym für einen hinterhältigen Verräter.

**32**

# Großbritannien sichert die See-herrschaft im Mittelmeer – Die Schlacht von Abukir 1798

Der französische Admiral Brueys, der während der Schlacht von Abukir fiel (Lithografie, um 1830)

**Am 1. und 2. August 1798 fand vor der Küste von Abukir, einer ägyptischen Hafenstadt, eine der entscheidenden Schlachten während der Koalitionskriege statt. Eine britische Flotte besiegte unter der Führung von Admiral Horatio Nelson die französische Flotte, die zuvor die Expeditionstruppen Napoleon Bonapartes nach Ägypten begleitet hatte.**

Nachdem Napoleon Bonaparte mit seinem Heer in Ägypten gelandet war, um vom Nahen Osten aus die Großmacht Großbritannien zu schwächen, befahl er Admiral François-Paul Brueys d'Aigalliers, die französischen Kriegsschiffe in der Nähe der ägyptischen Küste zu ankern. Der Admiral entschied sich für die Bucht von Abukir, die sich von Abukir im Südwesten bis zum Rosette-Mündungsarm des Nils im Nordosten erstreckt. Brueys d'Aigalliers war zwar überzeugt, dass die britische Flotte angreifen würde, doch da er seine 17 Schiffe in einer Linie zur Küste festmachen ließ, hielt er dort einen Angriff für unmöglich. Mittlerweile war Nelsons Flotte, die aus 14 Linienschiffen und einer Brigg bestand, am 1. August 1798 im 15 Kilometer entfernten Alexandria eingetroffen. Ein Ausguck auf der HMS Goliath entdeckte wenig später Mastspitzen in östlicher Richtung. Sofort ließ Nelson seine Flotte auslaufen. Der vor Anker liegende Gegner sollte unverzüglich angegriffen werden.

**Linienschiffe**

Der Begriff Linienschiff entstand dadurch, dass die Schiffe im Gefecht hintereinander in Kiellinie segelten. Sie waren schwerfälliger als Fregatten, besaßen die größte Tonnage und die schwersten Geschütze. Auf den Linienschiffen waren 50 bis 130 Kanonen über mehrere Decks verteilt. Die schwersten Geschütze – die 32- bis 42-Pfünder – kamen auf das unterste Batteriedeck, darüber im Mittel- und Oberdeck die 24- und 12-Pfünder. Außerdem wurden weitere Geschütze auf dem Halbdeck oder der Schanz achtern und der Back vorn platziert. Den Höhepunkt seiner Bedeutung erlangte das Linienschiff in den Napoleonischen Kriegen.

Die britische Flotte im Angriff auf die bei Abukir vor Anker liegende französische Flotte. Zwei britische Schiffe umsegeln gerade die feindliche Linie, um die dem Land zugewandte Seite zu erreichen.

Kurz nach 18 Uhr begann die Schlacht von Abukir. Da die Franzosen in der Lage gewesen waren, ihre Schiffe in einer langen Linie vor der Küste zu verankern, folgerte Thomas Foley, der Kapitän der HMS Goliath, dass hinter der französischen Linie das Wasser noch eine ausreichende Tiefe hatte, um dort zu manövrieren. Die französische Flotte war auf einen Angriff von dieser Seite nicht vorbereitet. Der HMS Goliath folgten vier weitere Linienschiffe, während die übrigen Schiffe in Kiellinie von See aus angriffen. Rasch wurden mehrere Linienschiffe der Franzosen durch den Beschuss der Briten stark beschädigt. Die stärksten französischen Schiffe – unter ihnen das prachtvolle Flaggschiff L'Orient – befanden sich jedoch in der Mitte der französischen Linie. Die HMS Bellerophon erhielt von der L'Orient schwere Treffer, verlor zwei ihrer drei Masten und trieb im Verlauf der Schlacht seewärts ab. Gegen 22 Uhr wurde die L'Orient aber von zwei britischen Schiffen unter Beschuss genommen, woraufhin auf dem Deck der Franzosen bald Feuer ausbrach. An Bord der L'Orient hielt sich der französische Admiral Brueys d'Aigalliers auf, der zu diesem Zeitpunkt bereits schwer verwundet war. Er blieb auf Deck und wurde wenig später durch eine Kanonenkugel getötet. Das Feuer auf dem französischen Flaggschiff erreichte schließlich das Munitionslager, und die L'Orient flog mit dem größten Teil ihrer Besatzung in die Luft. Damit war die Schlacht entschieden. Sechs französische Schiffe hatten sich den Briten ergeben, zwei Franzosen waren an der Küste gestrandet. Angesichts dieser Situation entschloss sich Brueys d'Aigalliers' Nachfolger, Admiral Pierre Charles Jean Baptiste Silvestre de Villeneuve, an Bord der Guillaume zur Flucht der übrigen Schiffe. Zusammen mit drei anderen Schiffen konnte der Admiral nach Korfu entkommen. Der verwundete Nelson sah von einer Verfolgung ab, da alle seine Schiffe schwer beschädigt waren.

In dieser Seeschlacht verloren die Briten nur 900 Mann, darunter 700 Verwundete. Die Verluste der Franzosen betrugen ungefähr 1700 Gefallene und 1500 Verwundete. Über 3000 Seeleute gerieten in Gefangenschaft. Mit einem Schlag hatten sich die Briten zu Herren des östlichen Mittelmeers gemacht, ohne dort einen Hafen zu besitzen.

»Indem ich die Vorhut und das Zentrum des Gegners angriff, und weil der Wind genau in Richtung seiner Linie wehte, konnte ich jede beliebige Stärke gegenüber wenigen Schiffen zur Geltung bringen.«
Admiral Nelson über seine Taktik

# 33 Kampf um die Weltmeere – Die Schlacht von Trafalgar 1805

**Das Aufeinandertreffen der französisch-spanischen und der britischen Flotte vor der Küste Spaniens war eine der entscheidendsten Seeschlachten der Geschichte. Der britische Sieg verhinderte nicht nur endgültig eine Invasion Napoleons in Großbritannien, sondern er begründete gleichzeitig auch Englands absolute Vormachtstellung auf den Weltmeeren.**

Die Vorgeschichte der Seeschlacht von Trafalgar ist lang und verwickelt. Der Grund hierfür lag in der Persönlichkeit Napoleons, dessen militärisches Genie einzig und allein auf den Landkrieg ausgerichtet war. Für ihn stellten Kriegsschiffe nur Mittel zur Unterstützung seiner auf dem Festland stattfindenden Operationen dar. Napoleon begriff nicht, dass der Seekrieg seine eigenen Gesetze hatte und im Zeitalter der Segelschiffe stark von Wind- und Wetterverhältnissen sowie zahlreichen anderen unberechenbaren Faktoren bestimmt war. Bei der Planung seiner Invasion in Großbritannien, für die er die Flotte natürlich benötigte, berücksichtigte Napoleon keinen dieser Faktoren.

Er gab seinen Kommandeuren den Befehl, aus den von den Engländern blockierten Häfen auszubrechen, in die Karibik zu segeln, sich zu versammeln, von dort aus mit geballter Macht in den Kanal vorzudringen und dabei jeden Widerstand zur See einfach hinwegzufegen. Die Realität sah aber weit

### Soldaten auf See

Obwohl im Falle der Schlacht die gesamte Schiffbesatzung zu den Waffen griff, hatten die Kriegsschiffe der europäischen Mächte auch spezielle Seesoldaten an Bord. Sie rekrutierten sich aus der regulären Armee und kamen wegen ihrer militärischen Ausbildung primär für Landeunternehmen oder beim Entereinsatz als Stoßtrupps zum Einsatz. Daneben fungierten sie während des Gefechts als Scharfschützen, wurden aber auch auf den Schiffen als eine Art Militärpolizei verwendet. Die Wurzeln der britischen Royal Marines reichen bis in das 17. Jh. zurück. Zu Beginn der Napoleonischen Kriege wurde ihre Zahl auf 20 000 Mann aufgestockt, 1801 auf 24 000 Mann. Von den Linientruppen an Land unterschieden sie sich auf den ersten Blick durch den zylinderähnlichen Rundhut, den sie trugen.

anders aus. Schon der Ausbruch der in Brest liegenden Flotte scheiterte, doch Admiral Pierre de Villeneuve konnte aus Toulon der von Vizeadmiral Horatio Nelson kommandierten Blockadeflotte entkommen. Es folgte nun ein maritimes Katz- und Mausspiel, das Nelson zunächst ins Mittelmeer, dann in die Karibik und Villeneuve zuerst in die Karibik und dann, ebenso wie später auch Nelson, wieder zurück in den Atlantik führte. Dort erhielt Villeneuve neue Befehle und ging schließlich in Cadiz vor Anker.

Am 19. und 20. Oktober entkam Villeneuve mit seiner Flotte aus Cadiz, denn Napoleon, der seine Invasionspläne aufgegeben hatte, dirigiert ihn ins Mittelmeer. Villeneuve hatte es auch aus persönlichen Gründen eilig, in See zu stechen, da ihm Gerüchte von seiner bevorstehenden Ablösung als Kommandeur zu Ohren gekommen waren. Er segelte von Cadiz aus in Richtung Mittelmeer, doch Nelson konnte ihn am 21. Oktober 1805 am Kap Trafalgar, an der südspanischen Atlantikküste, stellen. Villeneuves Flotte bestand aus insgesamt 33 Schiffen, von denen 18 französische und 15 spanische waren, während Nelson 27 Schiffe zur Verfügung hatte.

**Der tödlich verwundete Admiral Nelson an Bord seines Flaggschiffes Victory in der Seeschlacht von Trafalgar. Die britische Flotte trug dennoch den Sieg davon.**

**Die Victory durchbricht am 21. Oktober 1805 die feindliche Schlachtlinie.**

Die Seeschlachten des 18. Jahrhunderts wurden nach genau festgelegten Regeln ausgefochten. Die gegnerischen Flotten fuhren jeweils in Linie hintereinander auf und beschossen sich so lange mit gegenseitigen Breitseiten, bis eine Seite aufgab und abdrehte. Dies führte praktisch nie zu echten Entscheidungen, bei der eine Seite eine vernichtende Niederlage erlitten hätte. Nelson hingegen hatte vor, eine völlig neue Taktik der Seekriegsführung anzuwenden, die er wahrscheinlich aus einer in Marinekreisen umlaufenden, privat veröffentlichten kleinen Schrift eines gewissen John Clerk kannte. Diese als »crossing the T« bekannte Taktik war im Duell zweier Schiffe schon lange bekannt. Dabei setzte sich ein Fahrzeug im rechten Winkel vor Heck oder Bug des anderen und bildete so den Querstrich des »T«. Das angreifende Schiff konnte so eine volle Breitseite gegen das praktisch wehrlose andere Schiff abfeuern. Die Kanonenkugeln durchschlugen mit ungeheurer

Wucht praktisch ungebremst das feindliche Schiff. Völlig neuartig war nun der Plan Nelsons, auf die in Linie aufgefahrene französisch-spanische Flotte durch zwei parallel nebeneinander hersegelnde Geschwader im rechten Winkel zuzusteuern und die Linie an zwei Stellen zu durchbrechen.

Die größte Gefahr hierbei bildeten die Breitseiten der beiden Schiffe, die am Durchbruchspunkt lagen – die anderen Schiffe konnten nämlich nur geradeaus und nicht schräg feuern. Villeneuve stellte seine Flotte in Kiellinie hintereinander in Richtung Nord-Süd auf, während Nelson seine Flotte in zwei Geschwader geteilt hatte. Eines davon stand unter seinem direkten Kommando, das andere unter dem Befehl von Admiral Cuthbert Collingwood. Die beiden Geschwader näherten sich, wie von Nelson geplant, der französisch-spanischen Flotte von Westen her im rechten Winkel. Das nördliche Geschwader aus zwölf Schiffen wurde von Nelson auf der Victory in Richtung Vorhut und Zentrum geführt. Dort befand sich auch Villeneuve auf seinem Flaggschiff Bucentaure. Collingwoods südliches Geschwader aus 15 Schiffen mit dem Flaggschiff Royal Sovereign an der Spitze griff das hintere Drittel der feindlichen Linie an. Gegen Mittag durchbrach Collingwood zuerst die feindliche Linie, dann folgte auch Nelsons Geschwader. Sechs ganz vorn stehende Schiffe Villeneuves konnten sich lösen und wenden, um den weiter hinten bedrängten Schiffen zu helfen. Es entspann sich nun überall ein erbitterter Kampf zwischen den feindlichen Schiffen. Die französischen Geschützbedienungen folgten ihrer Gewohnheit, zunächst die feindlichen Masten und die Takelage unter Beschuss zu nehmen. Dem Feind sollte so die Möglichkeit zur Bewegung und Verfolgung genommen werden. Die Briten hingegen zielten auf das Deck und den Rumpf, um die feindlichen Geschütze und die Besatzung auszuschalten.

Um 13 Uhr 15 war Admiral Nelson von einem französischen Scharfschützen der Redoutable tödlich getroffen worden. Er starb gegen 16 Uhr 30, doch mit der Gewissheit, den Sieg davongetragen zu haben. Gegen 17 Uhr endete die Schlacht. Villeneuve hatte 19 oder 20 Schiffe, 7000 Tote und Verletzte sowie 7000 Gefangene verloren und war selbst in Gefangenschaft geraten. Die Briten hatten 1500 Mann Verluste, jedoch nicht ein einziges Schiff verloren. Am meisten betrauert wurde jedoch Nelson, der durch seinen Sieg zu einem der größten Helden der britischen Geschichte geworden ist – der Sieg bei Trafalgar sollte die britische Herrschaft auf den Weltmeeren für 100 Jahre sichern.

> »Unsere Verluste waren unvergleichlich höher als die der Engländer, denn diese feuerten horizontal und trafen uns so durch die hölzernen Bordwände hindurch, denn die dadurch entstandenen Splitter waren mörderischer als die Kanonenkugeln selbst ...«
> Leutnant des Touches

# 34 Kampf der Adler –
# Die Schlacht von Austerlitz 1805

**In der Schlacht bei Austerlitz zeigte sich Napoleons meisterliches strategisches Können auf seinem Höhepunkt. Durch Gewaltmärsche seiner Truppen, Täuschung des Gegners und eine genau Kenntnis des Schlachtfeldes errang er einen glänzenden Sieg über die verbündeten Österreicher und Russen.**

1805 schlossen Großbritannien, Österreich, Russland und Schweden die sogenannte 3. Koalition gegen Napoleon, während Preußen neutral blieb. Nach der für Frankreich verlorenen Seeschlacht von Trafalgar setzte Napoleon seine Grande Armée – bestehend aus 120 000 Mann – in Richtung Osten in Marsch und zwang bei Ulm den österreichischen Befehlshaber Karl Mack von Leiberich zur fast kampflosen Kapitulation. Dann zog Napoleon in Richtung Wien, das er am 13. und 14. November besetzte. Die kombinierte russisch-österreichische Armee hatte sich zwischenzeitlich mit etwa 80 000 Mann und rund 300 Geschützen im Raum von Olmütz gesammelt. Bei diesem Heer befanden sich sowohl Zar Alexander I. als auch Kaiser Franz I. von Österreich, während der russische General Fürst Michail Illarionowitsch Kutusow den Oberbefehl führte. Trotzdem war die Befehlshierarchie nicht eindeutig geklärt, was zur Niederlage der Alliierten beitragen sollte.

Napoleon, der seine Armee ausschließlich allein kommandierte, befürchtete eine Verstärkung seiner Feinde durch neue Truppen und ein Eingreifen Preußens. Er musste schnell handeln. Napoleon erkundete also das Terrain und fand westlich des Ortes Austerlitz (etwa 60 Kilometer südlich von Olmütz) ein geeignetes Schlachtfeld, dessen geografische Besonderheiten er genau erforschte. Sein Ziel war es, den Angriff der sich nähernden alliierten Armee zu erzwingen. Um den Eindruck zu erwecken, dass er die Schlacht fürchte, trat er zum Schein in Waffenstillstandsverhandlungen ein. Gleichzeitig hielt er einen Großteil seiner Truppen unsichtbar für die Alliierten in Reserve, sodass diese seine Streitmacht auf 40 000 Mann schätzten, während er in Wirklichkeit über 75 000 Mann verfügte. Darüber hinaus hatte Napoleon seinen rechten Flügel schwach gelassen und eine strategisch wichtige Anhöhe im Zentrum, die Pratzer Höhe, nicht besetzt.

Am 2. Dezember 1805 begann die Schlacht, und genau wie von Napoleon geplant, griffen die Alliierten massiv seinen schwachen rechten Flügel an. Dieser musste unter allen Umständen gehalten werden, bis das von Napoleon dorthin beorderte Korps von General Louis Nicolas d'Avoût (genannt

Davoût), das von Richtung Wien aus in einem Ge-
waltmarsch heraneilte, angekommen war.

Die Alliierten hatten noch vor Beginn der
Schlacht die wichtige Pratzener Höhe besetzt, doch
der morgens einsetzende Nebel verhinderte von
dort aus eine Sicht über die französischen Truppenbewegungen, was für diese zusätzlich von Vorteil war. Dann kam die legendäre »Sonne von
Austerlitz« durch den Nebel, und Napoleon setzte
zum machtvollen Durchbruch des feindlichen Zen-
trums auf der Pratzener Höhe an.

Napoleon im Biwak am Abend vor der Schlacht von Austerlitz. Er spricht mit Bauern aus der Umgebung, wobei der Offizier in der Mitte als Dolmetscher dient.

Im Süden, auf seinem rechten Flügel, war mittlerweile Davoût genau wie
geplant eingetroffen und konnte die gefährliche Situation stabilisieren.
Durch den Einbruch im Zentrum der Alliierten waren dieses sowie der linke
Flügel völlig zerstört. Im Norden, auf Napoleons linkem Flügel, war es
gleichzeitig noch zu einer großen Kavallerieschlacht mit Verbänden der russischen Kaisergarde gekommen. Doch der Durchbruch Napoleons war nicht
mehr aufzuhalten. Gegen 17 Uhr war die Schlacht vorbei. Sie hatte die Alliierten 15 000 Mann Verluste sowie 12 000 Gefangene gekostet. Napoleon
hatte etwa 9000 Mann verloren. Damit war der 3. Koalitionskrieg faktisch
beendet.

## Das Korps – System Napoleons

Die Aufteilung einer Armee nach Korps stellte zwar keine Erfindung
Napoleons dar, doch unter ihm wurde dieses System perfektioniert,
da sich die Zusammenstellung eines jeden Korps, zumindest für
einen gewissen Zeitraum, nicht änderte. Der Vorteil dieses Systems
bestand darin, dass sich Kommandeure und Mannschaften genauer
kannten und so eine bessere Einschätzung der jeweiligen Kampfkraft
und Handlungsfähigkeit ermöglichten. Ein solches Korps – eigentliche eine Miniaturarmee – bestand aus einem Hauptquartier samt
Stab, zwei oder mehr Divisionen Infanterie oder schwere Kavallerie,
dazu leichte Kavallerie, Artillerie und diverse Unterstützungsdienste
wie z. B. Transport oder Pioniere.

»Soldaten. Ich bin zu-
frieden mit euch. In der
Schlacht von Austerlitz
habt ihr meine Erwar-
tungen hinsichtlich
eurer Furchtlosigkeit
voll erfüllt. Ihr habt
eure Adler mit unsterb-
lichem Ruhm bedeckt.«
Napoleon Bonaparte

# 35

# Napoleons Ende –
# Die Schlacht von Waterloo 1815

**Nach der Rückkehr von Elba gelang es Napoleon, noch einmal ein großes Heer aufzustellen, um damit seine Machtstellung zu erneuern. Die übrigen europäischen Mächte wollten dies unter allen Umständen verhindern und zogen Napoleon entgegen. Bei Waterloo kam es schließlich zur Entscheidungsschlacht, deren Ergebnis das Schicksal Europas für die nächsten 100 Jahre maßgeblich beeinflussen sollte.**

Nachdem Napoleon von Elba kommend am 1. März 1815 bei Cannes gelandet war, übernahm er in kürzester Zeit erneut die Macht in Frankreich. Damit begann die berühmte »Herrschaft der Hundert Tage«, die mit der Schlacht bei Waterloo ihr Ende fand. Napoleon machte sich sofort an die Aufstellung eines neuen Heeres, und zahlreiche Veteranen und Kampfgefährten aus früheren Tagen sammelten sich erneut unter seinen Fahnen. Die europäischen Mächte konnten eine Rückkehr Napoleons unter keinen Umständen dulden und sammelten daher ihre Truppen. Sie konnten zusammen bis zu 800 000 Mann aufbieten, während Napoleon maximal 350 000 Soldaten zur Verfügung standen. Solche Truppenmassen waren natürlich nicht sofort einsatzbereit, und vor allem für Napoleon spielte der Zeitfaktor eine wichtige Rolle. Die einzige Chance bestand darin, seine Gegner getrennt voneinander zu schlagen.

Die ihm am nächsten stehenden Truppen waren die etwa 93 000 Mann des Herzogs Arthur von Wellington im Raum Brüssel und die 116 000 Mann von Generalfeldmarschall Gebhard von Blücher im Raum Charleroi-Namur. Wie gewohnt schlug Napoleon schnell zu und zog ihnen mit 124 000 Mann entgegen, um sie an einer Vereinigung zu hindern und sie dann getrennt zu vernichten. Die Alliierten hatten Napoleons Schnelligkeit unterschätzt; am 16. Juni kam es zu den ersten Gefechten mit den Truppen Napoleons, bei Ligny mit den Preußen und bei Quatre-Bras mit Wellington. Blücher setzte sich ab und Napoleon ließ ihn von Marschall Emmanuel de Grouchy in der Annahme, die Preußen würden sich über den Rhein zurückziehen, mit 30 000 Mann verfolgen. Wellington hatte vor dem Herannahen Napoleons auf dem Höhenzug Mont St. Jean nahe des Ortes Waterloo eine gut gewählte Stellung bezogen. Hier befand sich die Masse seiner Truppen etwas hinter dem Höhenzug und war daher gut vor den Blicken und dem Artilleriefeuer der Franzosen geschützt. Vor dem Höhenzug erhoben sich in kurzer Entfer-

> »Der erste Mann meiner Batterie wurde durch einen dieser verfluchten Weitschüsse verwundet. Ich werde nie den Schrei vergessen, den der arme Kerl ausstieß, als er getroffen wurde. Es war einer der letzten Schüsse die sie [die Franzosen] abgaben, und dieser riss seinen linken Arm in Stücke ...«
> Cavalié Mercer

nung das Schloss Hougoumont und der Bauernhof La Haye Sainte, während das Ende seiner linken Flanke durch den Hof von Papelotte gedeckt war. Diese Gebäude nutzte Wellington als Miniaturfestungen und besetzte sie mit Eliteeinheiten, sodass sie als eine Art »Wellenbrecher« des erwarteten französischen Angriffs dienten. Um die britische Front zu durchstoßen, musste Napoleon diese Hindernisse zuerst erobern. Dies sollte ihn viel wertvolle Zeit und Truppen kosten.

Die Armee, die der Herzog von Wellington kommandierte, war in Wirklichkeit keine rein britische, sondern eine »multinationale« Streitmacht. Hier dienten britische Regimenter neben solchen aus Hannover, Belgien, Holland, Nassau und Braunschweig. Am 18. Juni 1815 erwartete das 68 000 Mann starke Heer Wellingtons den Angriff des nun 72 000 Mann starken napoleonischen Heers. Ein Nachteil für Napoleon bestand in dem durch Regen aufgeweichten Boden, der bewirkte, dass die Artillerie nicht rechtzeitig einsatzbereit war und die Infanterie zunächst ohne Feuerunterstützung in den Kampf gehen musste. Napoleon zeigte bei Waterloo keine seiner strategischen oder taktischen Raffinessen, für die er berühmt war und die ihm schon so oft den Erfolg gebracht hatten. Er trat ganz einfach zum Frontalangriff auf die Stellungen Wellingtons an, um diese mit Gewalt zu durchbrechen. Im Gegensatz zu seiner Gewohnheit überließ er auch seinen untergeordneten Befehlshabern zu viel Freiraum; dies wird auch auf seinen schlechten Gesundheitszustand zurückgeführt. Darüber hinaus hatte er bei der Auswahl seiner Kommandeure nicht immer eine glückliche Hand bewiesen.

Die »Roten Lanciers« der kaiserlichen Garde greifen zusammen mit den Kürassieren ein Karree eines britischen Hochlandregiments an.
Da diese Attacken ohne Artillerie- oder Infanterieunterstützung durchgeführt wurden, erlitt die Kavallerie Napoleons schwerste Verluste.

Napoleon flieht nach der verlorenen Schlacht von Waterloo. Damit war seine Herrschaft unwiederbringlich zu Ende.

Zunächst griffen die Franzosen Hougoumont ohne Artillerieunterstützung an, was zu hohen Verlusten führte. Außerdem wurden weitere Truppen in diesen Kampf gezogen. Den ganzen Tag sollte um diesen Außenposten Wellingtons gekämpft werden, doch er hielt bis zum Ende der Schlacht stand. Nach dem Feuer aus 84 Geschützen, das wegen der guten Deckung von Wellingtons Truppen nicht die erhoffte Wirkung zeigte, ließ Napoleon um 13 Uhr 30 mit 18 000 Mann das linke Zentrum Wellingtons angreifen, doch der Vorstoß brachte keinen sichtbaren Erfolg. Ein britischer Gegenangriff mit Kavallerie trieb die Franzosen zurück, bis sie selbst durch französische Kavallerie angegriffen wurde. Zu dieser Zeit erfuhr Napoleon schon vom Heranrücken der Preußen. Marschall Michel Ney ließ zwischenzeitlich den Hof von La Haye Sainte massiv von Infanterie angreifen. Das Zurückbringen von feindlichen Verwundeten hielt er für einen Rückzug, weshalb er Kavallerie zur Verfolgung ansetzte. Immer neue Kavallerieregimenter rannten in verlustreichen und sinnlosen Attacken gegen das Feuer der britischen Karrees an. Erst als Ney Infanterie und Artillerie gegen die erschöpften Verteidiger von La Haye Sainte einsetzte, konnte er die Stellung erobern, nachdem den Verteidigern die Munition ausgegangen war. Die eiligst nachgezogene Artillerie eröffnete nun auf kürzeste Entfernung ein vernichtendes Feuer auf die Briten, die bereits zu wanken begannen. Als Ney jedoch fast einen Durchbruch erzwingen hätte können, verweigerte ihm Napoleon, wo es nötig gewesen wäre, die geforderten Verstärkungen.

Damit hatte Wellington Zeit, seine Truppen wieder einigermaßen zu ordnen. Seine Lage blieb gefährlich, doch gegen 16 Uhr tauchten die ersten preußischen Truppen am rechten Flügel Napoleons auf und fielen in dessen Flanke. Hier tobte der Kampf um das im Rücken des rechten Flügels Napoleons gelegene Dorf Plancenoit, das zunächst von den Preußen erobert wurde. Napoleon musste Truppen zur Rückeroberung einsetzen, was auch gelang. Erst gegen 19 Uhr, und damit viel zu spät, gab Napoleon seiner in Reserve gehaltenen Gardeinfanterie den Befehl zum Angriff auf die Linien Wellingtons. Sie bewegte sich in massierten Angriffskolonnen westlich von La Haye Sainte auf die hinter dem Höhenzug verborgene britische Infanterie zu. Diese erhob sich plötzlich und eröffnete auf kürzeste Distanz ein vernichtendes Feuer auf die Garde. Die napoleonischen Truppen wurden die Anhöhe hinuntergeworfen und sahen sich der Verfolgung durch britische Kavallerie ausgesetzt. Auf dem rechten Flügel Napoleons hatten die Preußen gleichzeitig den Durchbruch geschafft. Wellington befahl seinen Truppen nun vom Höhenzug aus auf breiter Front den Gegenangriff.

Der Anblick der fliehenden Garde ließ den Widerstandswillen der Truppen Napoleons schwinden – die Armee brach zusammen. Einzig das Dorf Plancenoit wurde noch einige Zeit von der Jungen Garde gehalten, während drei Karrees der Alten Garde – der Elite der Elite – die Abfahrt des Kaisers deckten. Damit war die Schlacht von Waterloo zu Ende. Napoleon hatte 25 000 Mann sowie 8000 Gefangene verloren, Wellingtons Verluste betrugen 15 000 Mann, die der Preußen 7000 Mann. Napoleons Schicksal war damit besiegelt, er musste sein Exil auf der Insel St. Helena antreten, wo er am 5. Mai 1821 verstarb.

### Die Garde – Napoleons Elite

Die Wurzeln der napoleonischen Kaisergarde reichen bis in die Zeit des Konsulats zurück. Nach der Kaiserkrönung baute Napoleon die Garde immer weiter aus, sodass sie fast zu einer »Armee in der Armee« wurde und 1813 beinahe ein Drittel der gesamten Armee bildete. Die besonders prächtig uniformierte Garde umfasste Infanterie, Kavallerie, Artillerie sowie Unterstützungsdienste. Sie war in die »Alte«, »Mittlere« und »Junge« Garde gegliedert. Napoleon setzte seine wertvolle Garde nur in Notfällen ein. Schon allein ihre Anwesenheit auf dem Schlachtfeld genügte, um den eigenen Linientruppen moralischen Rückhalt zu geben und dem Feind Schrecken einzuflössen. Der eigentlich unvorstellbare Rückzug der Garde bei Waterloo führte zum endgültigen Zusammenbruch der französischen Armee.

# 36

# Freiheit für Griechenland –
# Die Schlacht von Navarino 1827

**Die Schlacht von Navarino stellte die letzte ausschließlich von Segelschiffen ausgefochtene Seeschlacht dar. Sie war für die Befreiung Griechenlands von der türkischen Herrschaft zwar von größter Bedeutung, doch die vollständige Zerstörung der türkischen Flotte hatte auch eine von Großbritannien nicht beabsichtigte Schwächung des Osmanischen Reichs zur Folge.**

1821 hatte in Griechenland der Aufstand gegen die türkische Herrschaft begonnen. Zunächst erfolgreich, wurde die Aufstandsbewegung jedoch ab 1825 von einem türkisch-ägyptischen Gegenschlag schwer in Bedrängnis gebracht. Nicht zuletzt auch wegen der Sympathie, die man überall in Europa der griechischen Freiheitsbewegung entgegenbrachte, entschieden sich Großbritannien, Frankreich und Russland 1827 zum militärischen Eingreifen aufseiten der Griechen. Eine ägyptisch-türkische Flotte unter Ibrahim Pascha und seinem Admiral Tahir Pascha war mittlerweile in dem an der Südwestecke des Peloponnes gelegenen Hafen Navarino (heute Pilos) vor Anker gegangen.

Der Befehlshaber der britischen Flotte im Mittelmeer und gleichzeitig auch der verantwortliche Oberkommandierende der vereinigten Seestreitkräfte Großbritanniens, Frankreichs und Russlands, die zu dem geplanten Unternehmen zusammengezogen wurden, war Admiral Sir Edward Codrington. Sein Befehl lautete, die Türken durch Blockade zur Einhaltung einer Waffenruhe zu zwingen und nur im absoluten Notfall die Kampfhandlungen zu eröffnen.

### Linienschiffe und Fregatten

Die größten Kriegsschiffe des Segelzeitalters waren die Linienschiffe. Sie hatten drei Masten und führten je nach Rang von 50 bis zu 130 Geschützen auf zwei oder drei Kanonendecks mit sich. Sie hatten eine Besatzung von 350 bis zu 950 Mann. Die nächste Klasse bildeten die Fregatten, die ebenfalls über drei Masten verfügten, doch nur über ein Kanonendeck. Sie trugen zwischen 20 und 44 Kanonen, die Stärke ihrer Besatzung bewegte sich zwischen 160 und 320 Mann.

Zunächst stand Codrington zusammen mit den Franzosen der türkischen Flotte gegenüber. Ein Auslaufen der türkischen Flotte, die die Kampfhandlungen auf dem Peloponnes unterstützte, konnte nicht verhindert werden. Am 13. Oktober war auch das russische Geschwader vor Navarino eingetroffen, und am 17. Oktober ging ein von allen drei Kommandeuren unterzeichnetes Protestschreiben an Ibrahim Pascha, in dem sie ihn vor weiteren Unternehmungen warnten. Pascha erhielt den Brief aber nicht.

Die Alliierten wollten nun die türkische Flotte handlungsunfähig machen und liefen am 20. Oktober 1827 in den Hafen von Navarino ein. Sie verfügten über elf britische, sieben französische und acht russische Schiffe mit etwa 1200 Geschützen, während die türkisch-ägyptische Flotte 22 große Kriegsschiffe und zahlreiche kleinere Schiffe mit 2200 Geschützen umfasste. Im Hafen von Navarino war die türkische Flotte in der Form eines Hufeisens aufgefahren, wobei die Transportschiffe durch die Kriegsschiffe gedeckt waren. Die türkischen Landbatterien wagten nicht, das Feuer zu eröffnen, doch als sich die Türken anschickten, einen Brander in die alliierte Flotte zu schicken, begannen die Kampfhandlungen. Zunächst kam es nur zu einem Feuergefecht mit leichten Waffen, als aber ein türkisches Schiff zwei Kanonenschüsse abgab, entbrannte die Schlacht.

In der Seeschlacht von Navarino erlitt die kombinierte türkisch-ägyptische Flotte hohe Verluste. Dies stellte für das Osmanische Reich eine empfindliche Schwächung seiner Seemacht dar.

Die Schiffe beschossen sich einfach gegenseitig auf kürzeste Entfernung, komplizierte taktische Manöver fanden während dieser Schlacht nicht statt. Obwohl die Alliierten zahlenmäßig unterlegen waren, verfügten sie über die besser ausgebildeten Geschützbedienungen und Geschütze. Dies war ein Faktor für ihren Sieg. Die Türken konnten auch keinen ihrer Brander zum Einsatz gegen die Alliierten bringen. Nach einigen Stunden war die türkisch-ägyptische Flotte praktisch vernichtet. Die Alliierten hatten knapp 200 Tote und fast 500 Verwundete, die Zahl der türkischen Verluste ist unbekannt, sie dürfte jedoch weit höher gelegen haben. Die Schlacht trug erheblich zur Beendigung des griechischen Freiheitskampfes bei, der 1829 mit dem Frieden von Adrianopel sein siegreiches Ende nahm.

»Ich bin nicht gekommen, um Befehle zu erhalten, sondern um diese zu geben. Wenn nur ein Schuss auf die alliierte Flotte abgegeben wird, hat dies die Zerstörung der türkischen Flotte zur Folge.«
Sir Edward Codrington

## 37

# Kampf um die Einheit Italiens –
# Die Schlacht von Solferino 1859

**Durch die Niederlage der österreichischen Armee bei Solferino wurde die Einheit Italiens ein Stück weiter nach vorn gebracht. Der ungeheuer blutige Kampf war zugleich die Geburtsstunde des Roten Kreuzes, dessen Gründer Henri Dunant nach der Schlacht Zeuge des Leids der zahlreichen unversorgten Verwundeten war.**

Seit Mitte des 19. Jahrhunderts war das Königreich von Sardinien-Piemont mit dem Ministerpräsidenten Camillo Benso Graf von Cavour der Motor der Einigungsbewegung Italiens. Ein großes Hindernis hierbei stellte das Kaiserreich Österreich dar, das in Norditalien große Gebiete wie die Lombardei und Venetien beherrschte. Sardinien-Piemont schloss ein Geheimabkommen mit Kaiser Napoleon III., das französischen Beistand im Falle eines österreichischen Angriffs zusagte. Cavour konnte Österreich im Jahr 1859 geschickt zu einer Kriegserklärung provozieren, und damit stand das französisch-sardische Heer in Norditalien den Österreichern gegenüber.

Von Anfang an ging die Initiative auf Napoleon III. über, während die österreichische Führung eine defensive Haltung einnahm. Die ersten Gefechte mit den französisch-sardischen Truppen verliefen ungünstig für Österreich, und am 4. Juni 1859 verlor Österreich die Schlacht bei Magenta. Die Österreicher wichen nun über den Mincio in Richtung des »Festungsvierecks« Peschiera–Verona–Legnago–Mantua zurück. Den Oberbefehl über die österreichischen Truppen hatte nun Kaiser Franz Josef persönlich übernommen, und die Österreicher überschritten erneut den Mincio in Rich-

### Die Zuaven – Französische Elitetruppe
Bei den Zuaven handelte es sich um Einheiten der französischen Afrikaarmee. Ihr Name geht auf den Berberstamm der Zuauas zurück, aus denen sich ursprünglich die Mannschaften dieser Truppen rekrutierten. Später setzten sich die Zuaven ausschließlich aus Franzosen zusammen, die aber die exotische nordafrikanisch-orientalische Uniform aus Pluderhose, Fez und verzierter Kurzjacke beibehielten. Die Zuaven galten als Eliteeinheit, die sich u. a. auf der Krim und beim Italienfeldzug von 1859 bewährten.

Die Schlacht von Solferino von der französischen Seite aus gesehen. Im Hintergrund ist der als Spia d'Italia bekannte Turm zu erkennen. Dort befand sich das österreichische Zentrum, wo sich die härtesten Kämpfe abspielten.

tung der auf sie zumarschierenden Franzosen. Am 24. Juni 1859 standen 140 000 Franzosen und Sardinier etwa 130 000 Österreichern bei Solferino (15 Kilometer südlich des Gardasees) gegenüber. Das österreichische Zentrum befand sich mit zwei Korps auf dem Höhenrücken bei Solferino, den rechten Flügel bildete das verstärkte Korps von Feldmarschall-Leutnant Ludwig von Benedek. Links waren im günstigen Angriffsterrain zwei Korps positioniert sowie dahinter zwei weitere als Reserve. Den linken Flügel Napoleons bildeten vier sardische Divisionen, das Zentrum wurde durch das Gardekorps mit zwei weiteren Korps bestellt und der rechten Flügel war mit weiteren zwei Korps mit zwei Kavalleriedivisionen bestückt. Die Chance der Österreicher hätte in einem offensiven Vorgehen ihres linken Flügels gelegen, doch die hier geführten Angriffe waren auf frontale Einzelstöße beschränkt. Eine Umgehung der Franzosen aufgrund mangelnden Flankenschutzes war nicht möglich. Die Entscheidung der Schlacht sollte im Zentrum fallen, das Napoleon massiv angreifen ließ. Die hier gut verschanzten österreichischen Truppen fügten den immer wieder angreifenden Franzosen schwerste Verluste zu, doch Napoleon warf immer neue Truppen in den Kampf, um den endgültigen Durchbruch zu erzwingen.

Das Dorf Solferino war zu einer Miniaturfestung umfunktioniert worden, hier spielten sich die härtesten Nahkämpfe der gesamten Schlacht ab. Gegen 14 Uhr hatten die Franzosen schließlich das österreichische Zentrum durchbrochen. Damit war die Schlacht entschieden. Auf dem rechten österreichischen Flügel hatte Benedek alle sardischen Angriffe erfolgreich abgewehrt. Er zog sich erst lange, nachdem der Befehl dazu erteilt worden war, zurück. Die Verbündeten hatten bei Solferino etwa 15 000 Tote und Verwundete zu beklagen, die Österreicher etwa 13 000 sowie fast 9000 Gefangene. Am 12. Juli kam es zum Vorfrieden von Villafranca und Österreich trat die Lombardei an Frankreich ab, das sie dem Königreich Sardinien überließ.

»Die Zuaven stürzten mit gefälltem Bajonett nach vorn ... die allgemeine Raserei ging so weit, dass wenn die Munition aus und die Gewehre zerbrochen waren, die Männer mit bloßen Fäusten kämpften ... die Kroaten töteten alles in Sichtweite und durchbohrten die verwundeten Feinde mit dem Bajonett ...« Augenzeugenbericht

# 38 Wende im Amerikanischen Bürgerkrieg – Die Schlacht von Gettysburg 1863

**Bei einem kleinen Ort in Pennsylvania stießen am 1. Juli 1863 die Hauptarmee der Konföderation und die Potomac-Armee der Union aufeinander. Drei Tage lang lieferten sich beide Seiten ein mörderisches Ringen, in dem die Unionstruppen letztlich ihre Stellungen behaupten konnten.**

Seit 1861 kämpften die von den USA abgespaltenen Südstaaten für die Anerkennung ihrer Unabhängigkeit. Ende Mai 1863 trug der bis dahin fast unbesiegte Südstaaten-General Robert E. Lee zum zweiten Mal den Krieg in das Gebiet der Union. In Pennsylvania löste sein Erscheinen Panik aus, woraufhin General George G. Meade, der Befehlshaber der 90 000 Mann starken Potomac-Armee, den Befehl erhielt, parallel zu den Südstaatlern zu marschieren. Da General Lee einige Zeit keine Verbindung mehr zu seiner Reiterei hatte, wusste er nicht, wo sich die Unionsarmee befand. Ein Zufall ließ die Gegner aufeinandertreffen. Am Abend des 30. Juni wollte eine Einheit der Konföderierten auf der Suche nach Schuhen in die Kleinstadt Gettysburg eindringen, stieß dort aber völlig überraschend auf zwei Kavalleriebrigaden der Potomac-Armee.

Bereits am Morgen des 1. Juli begannen die Südstaatler mit ihrem Angriff. Vorgeschobene Truppenteile beschossen sich, und immer mehr Einheiten stießen im Verlauf des Tages auf beiden Seiten dazu. Da Meade noch einige Kilometer entfernt von Gettysburg war, übernahm General John Reynolds, der Kommandeur des nächstgelegenen Infanteriekorps, die Führung des Gefechtes. Reynolds wurde jedoch durch einen Scharfschützen tödlich verwundet, und die johlenden Südstaatler jagten die Blauröcke aus Gettysburg hinaus. Gegen Abend traf General Winfield S. Hancock vom 2. Unionskorps ein und ließ eine Verteidigungslinie aufbauen, die um den Culp's Hill und den Cemetery Hill herumführte und auf dem Cemetery Ridge drei Kilometer südwärts bis zum Little Round Top reichte. In der Nacht trafen drei weitere Korps sowie Meade persönlich ein und bauten diese Linie zu einer starken Stellung aus.

Dass die Soldaten der Potomac-Armee sich überhaupt auf dem Cemetery Hill festsetzen konnten, war eine Fehlentscheidung des konföderierten Generals Richard S. Ewell. Obgleich Lee ihm gesagt hatte, den Hügel »wenn möglich« anzugreifen, hielt Ewell die gegnerische Stellung für zu stark. In der Nacht beriet sich Lee mit Generalleutnant James Longstreet, einem sei-

ner besten Offiziere. Longstreet schlug vor, die linke Flanke der Unions-truppen weitläufig zu umgehen und sie dann von hinten zu attackieren. Doch Lee zeigte auf den Cemetery Hill und sagte: »Da steht der Feind, und da werde ich ihn angreifen.«

Am nächsten Morgen erhielten Longstreet und Ewell den Angriffsbefehl. Der offenbar verärgerte Longstreet ließ sich aber viel Zeit beim Aufmarsch seines Korps, sodass erst am Nachmittag alle Einheiten für den Angriff bereit waren. Eine Brigade aus Alabama rückte vor, um den Little Round Top zu besetzen, aber gerade noch rechtzeitig konnte eine Brigade der Union den Kamm der Anhöhe einnehmen. Fast zwei Stunden lang hielten die Unionssoldaten den wiederholten Sturmangriffen von Teilen verschiedener konföderierter Regimenter stand. Als die Lage aussichtslos schien, griff das 20. Regiment aus Maine unter Oberst Joshua L. Chamberlain bergabwärts die Südstaatler an. Schockiert von der Dreistigkeit des Angriffs, ergaben sich zahlreiche Konföderierte den jubelnden Burschen aus Maine.

Erst nach dem Scheitern dieser Attacke setzte Ewell im Norden zum Angriff auf den Cemetery Hill an. Doch auch hier wehrten die Unionssoldaten die Südstaatler ab. Dennoch war Lee überzeugt, dass seine Veteranen die Blauröcke am nächsten Tag mit einem letzten Kraftakt schlagen konnten. Longstreet beschwor Lee noch einmal, die linke Flanke der Potomac-Armee zu umgehen, aber erneut lehnte Lee den Plan ab. Er befahl Longstreet, die Mitte der Unionsstellung mit George E. Picketts Division und zwei Divisionen Ambrose P. Hills zu attackieren. Knapp 15 000 Soldaten sollten über rund 1200 Meter offenes Gelände vorrücken und gegen eine von starker Ar-

Volkstümliche, zeitgenössische Darstellung der Schlacht von Gettysburg. Im Vordergrund werden konföderierte Gefangene von Unionssoldaten weggeführt.

tillerie unterstützte, gut verschanzte Infanterie anstürmen. Über diesen Befehl schrieb Longstreet: »Ich erkannte, wie verzweifelt und hoffnungslos diese Attacke war und dass sie zu einer hoffnungslosen Schlächterei führen würde.«

Um den Gegner mürbe zu machen, ließ Lee die gesamte Artillerie der Nord-Virginia-Armee ab 13 Uhr die Stellungen der Union auf dem Cemetery Ridge beschießen. Fast zwei Stunden lang dröhnte das Geschützfeuer beider Seiten. Da die Südstaatler aber hoch zielen mussten, erlitten die hinter Brustwehren und Steinmauern verschanzten Blauröcke nur geringe Verluste. Gegen 15 Uhr gab Longstreet widerstrebend den Befehl zum Angriff. Offenbar hatte der Beschuss der Konföderierten die feindliche Artillerie außer Gefecht gesetzt. Als Picketts und Hills Männer über das sanft gewellte Ackerland vorrückten, deckte die Artillerie der Potomac-Armee die Südstaatler mit einem Kugelhagel ein und ging zu Kartätschen über. Trotz allem rückte der Gegner vor. Die Kanonen der Union waren keineswegs zerstört worden; vielmehr hatte der Befehlshaber der Artillerie, General Henry J. Hunt, angeordnet, das Feuer einzustellen, um die Rebellen anzulocken und Munition zu sparen. Aus 200 Meter Entfernung eröffnete hinter Steinmauern aufgestellte Infanterie das Feuer, während Regimenter aus New York, Ohio und Vermont links und rechts ausschwenkten und beide Flanken unter Beschuss nahmen. Unter diesem Feuer brach der Sturmangriff der Konföderierten zusammen. 200 bis 300 Soldaten aus Virginia und Tennessee unter General Lewis A. Armistead konnten zwar die vorderste Linie der Unionsstellung durchbrechen, doch dann wurde Armistead tödlich verwundet und seine Männer fielen im Kugelhagel. Nach einer halben Stunde war alles vorüber. Von den etwa 14 000 Angreifern kehrte kaum die Hälfte zurück. Allein Georg E. Picketts Division verlor zwei Drittel ihrer Leute.

Konföderierter, in der Schlacht von Gettysburg gefallen. Die dreitägige Schlacht forderte auf beiden Seiten hohe Verluste.

**James Longstreet**

»Old Pete« (1821–1904) stammte aus Georgia und schloss 1842 die Militärakademie in West Point ab. Er zeichnete sich 1846/47 im Amerikanisch-Mexikanischen Krieg aus und verließ im Juni 1861 im Rang eines Majors die US-Armee, obgleich er von der Sezession der Südstaaten nicht gerade begeistert war. Als konföderierter General nahm Longstreet an allen wichtigen Schlachten 1862/63 auf dem östlichen Kriegsschauplatz teil. Als einziger Nichtvirginier war er Korpskommandant der Nord-Virginia-Armee. Longstreet hatte eine Vorliebe für die taktische Defensive, die nicht gerade Lees Vorstellungen entsprach. Nach dem Ende des Bürgerkrieges trat »Old Pete« der Republikanischen Partei bei und arbeitete eng mit Präsident Ulysses S. Grant zusammen. Viele Südstaatler hielten ihn für mitschuldig an der Niederlage von Gettysburg.

Wie in Trance stolperten die überlebenden Südstaatler in ihre Ausgangsstellung zurück. Lee und Longstreet versuchten sogleich, eine Verteidigungslinie für den erwarteten Gegenangriff der Unionstruppen aufzubauen. Zu den Offizieren, die mit ihm ritten, sagte Lee: »Diesen Kampf habe ich verloren, und Sie müssen mir heraushelfen, so gut Sie können. Jetzt müssen sich alle guten Leute sammeln.«

Zum größten Erstaunen der Konföderierten stießen die Nordstaatler aber nicht nach, wofür Meade seither immer wieder gerügt worden ist. Der bei der Abwehr von Picketts Sturmangriff verwundete General Hancock beschwor Meade, mit seinen 20 000 Mann unverbrauchter Reserve vom 5. und 6. Korps den konföderierten Brigaden nachzusetzen, doch der Kommandeur der Potomac-Armee scheute eine Verfolgung. Meade konnte nicht wissen, wie schlimm es den Gegner erwischt hatte und dass dessen Artillerie knapp an Munition war. Die Nord-Virginia-Armee konnte sich daher geordnet nach Virginia zurückziehen. Lee hatte mehr als ein Drittel seiner Armee eingebüßt: 28 000 Gefallene, Verwundete und Vermisste. Aufseiten der Union beliefen sich die Verluste auf 23 000 Mann. Die Zeitgenossen erkannten die Bedeutung von Gettysburg als Wende des Krieges zunächst nicht, rückblickend aber wird klar, dass sich die Konföderierten von dieser Niederlage nicht mehr erholen konnten.

# 39

# Ein Meilenstein auf dem Weg zum Deutschen Reich – Die Schlacht von Königgrätz 1866

**Die Schlacht von Königgrätz stellte eine der größten und politisch bedeutsamsten Schlachten des 19. Jahrhunderts dar. Drei preußische Armeen drangen einem genau vorbereiteten Operationsplan folgend nach Böhmen ein, wo sie von der österreichischen Nord-Armee erwartet wurden. Durch die schwere Niederlage der Österreicher stieg Preußen endgültig zur alleinigen vorherrschenden Macht in Deutschland auf.**

Die Spannungen zwischen den beiden deutschen Großmächten Preußen und Österreich reichten bis in die Zeit des 18. Jahrhunderts zurück. Angesichts der napoleonischen Gefahr waren die beiden Mächte jedoch zusammengerückt und diese Annäherung hielt bis kurz vor Mitte des 19. Jahrhunderts an. Doch der Versuch Preußens, die Vormachtstellung innerhalb des Deutschen Bundes zu erlangen, entfachte die alte Rivalität aufs Neue. Österreich sah sich hinsichtlich der Herrschaftsverhältnisse in den Herzogtümern Schleswig und Holstein – wegen denen 1864 gemeinsam Krieg geführt worden war und die gemeinsam verwaltet wurden – von Preußen übervorteilt. Der Kriegsausbruch war nur noch eine Frage der Zeit.

Dank der geschickten Diplomatie des preußischen Ministerpräsidenten Bismarck war ein Eingreifen Frankreichs im Kriegsfall nicht zu fürchten, und ein mit Italien geschlossenes Bündnis sorgte dafür, dass Österreich einen Zweifrontenkrieg zu führen hatte. Chef des preußischen Generalstabs war Helmuth von Moltke, auf dessen Aufmarschplan der Feldzug in Böhmen beruhte. Neben der Nutzung technischer Neuerungen wie Telegrafie und Eisenbahn war die preußische Armee auch militärtechnisch auf dem neuesten Stand. Mit dem Zündnadelgewehr verfügte sie über ein modernes Hinterladungssystem.

Obwohl sich die meisten deutschen Staaten, darunter Hannover, Bayern und Sachsen, an die Seite Österreichs stellten und es auch in Deutschland zu Gefechten kam, war der Hauptkriegsschauplatz Böhmen. Dort stand die österreichische Nord-Armee, bestehend aus sieben Korps, vier Kavalleriedivisionen und der Armeegeschützreserve, zusammen ungefähr 200 000 Mann. Dazu kam noch ein sächsisches Korps von etwa 24 000 Mann. Als Oberbefehlshaber der Nordarmee hatte der österreichische Kaiser den Feldzeugmeister Karl von Benedek bestimmt.

> »Der Nebel ... zerriss und plötzlich sah ich in weitem, nach Süden sich öffnendem Bogen die ganze preußische Armee, Brigade neben Brigade, Bataillon neben Bataillon aufmarschiert ... Vorwärts, immer vorwärts unaufhaltsam nach Problus zu ... drängten die preußischen Heerscharen ...«
> Oberst von Zychlinski

Preußische Infanterie verteidigt den Swiep-wald. Dieser bildete einen der hart umkämpften Brenn-punkte der Schlacht (Farbdruck, 1894).

Dessen Absicht lag nicht im Vordringen auf preußisches Territorium, sondern in einer Verteidigung Böhmens und Mährens zum Schutz Wiens. Dadurch lag die Initiative von Anfang an bei Moltke, und dessen Plan sah einen gewagten Marsch dreier unabhängiger preußischer Armeen vor, deren Bewegungen aber genau aufeinander abgestimmt waren. Bei den drei Armeen handelte es sich um die Elbarmee unter General Eberhard Herwarth von Bittenfeld, die 1. Armee unter Prinz Friedrich Karl und die 2. Armee unter dem Befehl des Kronprinzen Friedrich Wilhelm von Preußen, zusammen etwa 250 000 Mann. Während die Elbarmee von Sachsen her vorging, bewegte sich die 1. Armee direkt von Norden nach Böhmen, der Weg der 2. Armee führte von Schlesien aus dorthin. Am 19. Juni erhielt die 1. Armee den Befehl, abzurücken.

Benedek war sich über die Absichten des Feindes lange nicht im Klaren. Er schob nur das 1. Korps und die Sachsen gegen die 1. Armee vor, während das 6. und das 10. Korps als Schutz gegen den Einmarsch von Schlesien her dienten. Bereits kurz nach Überschreiten der Grenze Ende Juni wurden die preußischen Armeen in Kämpfe mit vorgeschobenen österreichischen Truppen verwickelt, die die Preußen fast alle für sich entscheiden konnten. Benedek hatte den größten Teil der Nord-Armee zusammen mit auf seinem linken Flügel stehenden sächsischen Korps einige Kilometer nördlich der Stadt Königgrätz zusammengezogen. Das Zentrum der österreichischen Position bildete der Ort Chlum. Der Plan Moltkes beruhte auf einem hinhaltenden Angriff der 1. Armee, dessen Zweck in einer Bindung der österreichischen Kräfte bestand, bis die von Norden kommende 2. Armee in die feindliche Flanke stoßen und dort den Durchbruch erzielen sollte. Gleichzeitig würde die Elbarmee von Süden her den linken feindlichen Flügel umfassen.

Gegen 8 Uhr des 3. Juli erhielt die 1. Armee den Befehl zum Vormarsch über das vor der Front verlaufende Flüsschen Bistritz, doch dahinter gerieten sie von den Höhen herab in ein massiertes Artilleriefeuer, das schwere Verluste forderte. Die in dem kleinen, Holawald genannten Wäldchen nun

Der preußische König Wilhelm I. begrüßt den Kronprinzen Friedrich Wilhelm, Kommandeur der 2. Armee. Dessen rechtzeitiges Eintreffen trug entscheidend zum preußischen Sieg bei.

ausharrenden preußischen Truppen standen über Stunden hinweg in einem mörderischen Artilleriefeuer, doch sie durften diese Stellung unter keinen Umständen aufgeben. Einen der Orte, an dem sich die erbittertesten Kämpfe der Schlacht abspielten, stellte der etwas nordöstlich des Holawalds gelegene Swiepwald dar, der von den Österreichern gehalten wurde. Der 7. Division der 1. Armee gelang es, dort Fuß zu fassen, doch die Österreicher leisteten zähen Widerstand. Die Preußen konnten den Wald schließlich nehmen, doch der Kommandeur des 4. österreichischen Korps wollte den Wald unter allen Umständen zurückerobern und zog dazu auch noch das 2. Korps hinzu.

Unter dem mörderischen Feuer der Zündnadelgewehre drangen die Österreicher erneut in den Wald vor und hätten ihn beinahe zurückerobern können, wurden aber von preußischen Reserven zurückgeworfen. Es folgte ein weiterer österreichischer Angriff, der die Preußen zwar bis an den Rand des Waldes zurückdrängte, doch nicht vollständig vertreiben konnte. Die dort ausharrenden Reste der stark dezimierten preußischen Truppen hofften auf das Eingreifen der 2. Armee. Zu diesem Zeitpunkt, etwa um Mittag, hätte Benedek durch ein entschlossenes Handeln die Lage noch zu seinem Vorteil wenden können, doch er zögerte. Die auf dem rechten preußischen Flügel stehende Elbarmee hatte ebenfalls noch keine Fortschritte erzielen können, und die Gesamtsituation sorgte beim preußischen Generalstab und bei König Wilhelm I. für zunehmende Nervosität. Einzig Moltke vertraute dem Gelingen seines Plans.

Benedek hingegen überlegte gerade, wie er seinen Gegenangriff gestalten wollte, als ihn die Nachricht erreichte, dass sich die preußische 2. Armee im Anmarsch befand und das Schlachtfeld in Kürze erreicht haben würde. Jetzt rächten sich die verlustreichen Angriffe auf den Swiepwald, da diese die rechte österreichische Flanke bedeutend geschwächt hatten. Benedek befahl daher den sofortigen Rückzug der dort eingesetzten Truppen in den Raum um Chlum. Gegen 15 Uhr konnten die Preußen den Ort Problus erobern – damit war auch der linke österreichische Flügel durchbrochen. Die Spitzen der preußischen 2. Armee waren kurz nach Mittag auf dem Schlachtfeld eingetroffen und machten sich nun daran, die österreichische rechte Flanke anzugreifen. Kurz nach 13 Uhr eroberte die preußische 1. Gardedivision den Ort Horschenoves. Ziel des preußischen Angriffs stellte der Ort Chlum, die Schlüsselstellung der österreichischen Aufstellung, dar. Gegen 15 Uhr hatten die Preußen Chlum erobert und hielten die Linie zwischen den Ortschaften Chlum, Nedelischt und Lochenitz. Die Eroberung Chlums war so schnell erfolgt, dass es das österreichische Oberkommando kaum glauben konnte. Bendedek befahl eine Rückeroberung, doch die Österreicher konnten nur das benachbarte Dorf Rosberitz erobern, während der Angriff auf Chlum unter großen Verlusten abgewiesen wurde.

Wie von Moltke geplant, wurden die Österreicher immer weiter umzingelt. Dies führte zum Zusammenbruch der österreichischen Front. Die österreichische Kavallerie ging nun zum Angriff über und konnte so die preußische Kavallerie von einer effektiven Verfolgung der geschlagenen Armee abhalten. Von den insgesamt etwa 470 000 Mann, die an der Schlacht beteiligt waren, waren auf österreichisch-sächsischer Seite 30 000 Mann gefallen oder verwundet, dazu kamen noch gut 20 000 Gefangene. Die Preußen hingegen verloren nur etwa 9000 Mann. Mit dem preußischen Sieg war der Einfluss Österreichs im Deutschen Bund endgültig erloschen und die von Bismarck angestrebte Einigung Deutschlands unter Führung Preußens auf den Weg gebracht.

### Benedek – Der Sündenbock

Der 1804 geborene Ludwig August Ritter von Benedek bekleidete seit 1859 den Rang eines Feldzeugmeisters. Er hatte sich in zahlreichen Schlachten ausgezeichnet, u. a. in der Schlacht von Solferio und bei der Niederwerfung des Aufstands in Ungarn 1849. Den Oberbefehl über die österreichischen Armee in Böhmen hatte er nur widerwillig angenommen und nach der katastrophalen Niederlage bei Königgrätz schob man ihm der Einfachheit wegen alle Schuld daran zu. Obwohl Benedek mit Sicherheit Fehler gemacht hatte, lagen die Wurzeln der Niederlage nicht zuletzt auch in dem Zustand, in dem sich die österreichische Armee befand. Der tief gedemütigte Benedek starb 1881.

# 40 Preußens Triumph – Die Schlacht von Sedan 1870

**Die entscheidende Schlacht von Sedan fand am 1. September 1870 im Deutsch-Französischen Krieg statt. Die französischen Truppen erlebten ein zweites Waterloo und mussten kapitulieren. Mit der Gefangennahme Napoleons III. brach auch das französische Kaiserreich zusammen.**

Nach der französischen Niederlage bei Gravelotte in Lothringen am 18. August 1870 versuchten zwei deutsche Armeen, das Heer des Marschalls Patrice de Mac-Mahon vor Metz abzufangen. In der Nähe von Beaumont griffen zwei deutsche Korps überraschend das 5. französische Korps an. Die Franzosen wurden zurückgetrieben und mussten 5700 Tote und Verwundete sowie 1800 Gefangene und den Verlust des größten Teils ihrer Ausrüstung beklagen. Mac-Mahon hatte nach diesem Gefecht keine Alternative mehr und ordnete den allgemeinen Rückzug auf die kleine Festungsstadt Sedan an, um dort seine Truppen mit Nachschub und Munition zu versorgen. Dabei unterschätzte der französische Marschall jedoch Stärke und Geschwindigkeit der deutschen Einheiten, die bereits dabei waren, seine 130 000 Mann starke Armee einzuschließen.

Am Morgen des 1. September konnten französische Marineinfanteristen in Bazeilles zwar die bayerischen Angreifer zunächst abwehren, doch um 6 Uhr wurde Mac-Mahon bei La Moncelle durch einen Granatsplitter am Bein verwundet. Da Napoleon III. selbst nicht fähig war, den Oberbefehl zu übernehmen, musste Divisionsgeneral Auguste-Alexandre Ducrot, der Kommandeur des 1. Korps, als Oberbefehlshaber agieren. Als er den allgemeinen Durchbruch nach Westen befahl, legte der Befehlshaber des 5. Korps, Divisionsgeneral Emanuel de Wimpffen, eine Geheimorder aus Paris vor, die ihn bei Ausfall Mac-Mahons als neuen Oberbefehlshaber vorsah. Wimpffen ordnete den Durchbruch an der Givonne nach Südosten an, doch starke deutsche Verbände vereitelten den Vorstoß.

Mittlerweile hatten an die 200 000 Preußen, Sachsen, Bayern und Württemberger den Ring um Sedan geschlossen und rückten mit starker Artillerieunterstützung gegen die eingekesselten Franzosen vor. Gegen 14 Uhr erfolgte die Erstürmung des Kalvarienberges bei Illy, die Schlüsselstellung der französischen Verteidiger. General Ducrot befahl in dieser Lage einen letzten Ausbruchsversuch nach Westen. In Ermangelung noch angriffsfähiger Infanterie versuchte die Kavalleriereserve, eine Bresche für die

> »Wir sitzen in einem Nachttopf und wir werden darin zugeschissen.«
> General Ducrot nach der Eroberung des Kalvarienberges bei Illy durch preußische Soldaten am frühen Nachmittag des 1. September 1870

Bayerische Truppen dringen in das von den Franzosen hartnäckig verteidigte Dorf Bazeilles ein. Hier spielte sich ein erbarmungsloser Häuserkampf ab.

Fußtruppen zu schlagen, aber die Attacke brach im preußischen Gewehrfeuer zusammen.

Der preußische Gegenangriff erfolgte wenig später. Die flüchtende französische Infanterie suchte vergeblich Deckung. Vor dem deutschen Artilleriefeuer gab es kaum Schutz. Ein letzter Durchbruchsversuch von knapp 6000 Franzosen in Richtung Osten scheiterte erneut. Eine Weiterführung des Kampfes erschien unter diesen Umständen aussichtslos, sodass Napoleon III. gegen 16 Uhr 30 die weiße Fahne hissen ließ. Am nächsten Tag unterzeichnete General Wimpffen die Kapitulation. Die Verluste der Franzosen bei Sedan beliefen sich auf 16 000 Tote und Verwundete. 100 000 Soldaten gerieten in Gefangenschaft, 400 Feld- und 139 Festungsgeschütze fielen in die Hände der Sieger. Auf deutscher Seite waren 9000 Gefallene und Verwundete zu beklagen.

Nach der Katastrophe von Sedan erfolgte in Paris am 4. September die Ausrufung der Dritten Republik. Neue Armeen wurden aufgestellt, die den Krieg bis Anfang 1871 fortsetzten.

### Preußische Artillerie

Die Feldartillerie der Preußen war mit der Kruppschen 8-cm-Gussstahlkanone C 67 ausgerüstet. Dieses Geschütz war den gezogenen Vorderladern der französischen Kanoniere an Reichweite und Treffsicherheit überlegen. Zudem erschien die preußische Artillerie durch Eingliederung in die vorrückende Truppe bereits frühzeitig auf den Schlachtfeldern, um die feindliche Artillerie niederzukämpfen. Bei Sedan wurde die Artillerie von Anfang an als Hauptwaffe eingesetzt. Pro Frontkilometer kamen bis zu 150 Geschütze zum Einsatz – eine bis zu diesem Zeitpunkt noch nie da gewesene Massierung.

41

# Der Sieg der aufgehenden Sonne – Die Schlacht bei Mukden 1905

**Die Schlacht bei Mukden während des Russisch-Japanischen Krieges war eine der größten Schlachten der Geschichte. Die ungeheuren Truppenmassen sowie der Einsatz von Schnellfeuerartillerie und Maschinengewehren nahmen bereits die Materialschlachten des Ersten Weltkriegs voraus.**

Gegen Ende des 19. Jahrhunderts geriet das zaristische Russland in Ostasien in Konflikte mit dem aufstrebenden Japan. Beide Mächte versuchten, ihr jeweiliges Einflussgebiet über die Mandschurei und Korea auszudehnen, wobei Russland auf den Besitz des an der Südspitze der Halbinsel Liaodong gelegenen eisfreien Hafens Port Arthur bestand. Nachdem Russland sich weigerte, Korea gänzlich als japanische Einflusssphäre zu respektieren, erfolgte zu Beginn des Jahres 1904 der japanische Angriff auf die vor Port Arthur ankernde russische Flotte. Nachdem Japan die Seeherrschaft sicher gestellt hatte, begann es mit der Anlandung von Truppen an der westlichen Küste Koreas, die sich in Richtung Norden in Richtung des Yalu wandten. In der Mandschurei standen die dort stationierten russischen Armeekorps, etwa 120 000 Mann. Etwas später landeten die Japaner auch auf Liaodong und belagerten Port Arthur. Die Russen verfügten zwar über die Transsibirische Eisenbahn, doch der Nachschub von Truppen und Material auf diesem Weg gestaltete sich doch relativ langsam.

Von Anfang an hatten die Japaner die Initiative in der Hand und drängten die Russen in mehreren Schlachten immer weiter nach Norden zurück. Am 2. Januar 1905 fiel Port Arthur. Einen guten Monat später standen sich die kriegführenden Parteien südlich von Mukden (heute Shenyang) gegenüber. Der russische Befehlshaber General Alexei Kuropatkin hatte 350 000 Mann zur Verfügung. Er wollte die Stadt halten, da das nächste Ziel der Japaner Wladiwostok sein würde. Die Japaner unter Marschall Oyama Iwao führten fünf Armeen mit einer Gesamtstärke von etwa 300 000 Mann ins Feld.

Am 19. Februar 1905 begann die fast dreiwöchige Schlacht mit einem Vorstoß der japanischen Yalu-Amee, der sich später die 1. Armee anschloss, auf den linken russischen Flügel. Dieser sollte den gegen den rechten russischen Flügel geführten Hauptstoß verschleiern. Kuropatkin nahm irrtümlicherweise an, dies sei der Hauptangriff, und beorderte seine Reserven auf seinen linken Flügel. Er selbst beabsichtigte, mit seinem rechten Flügel

»Der japanische Soldat ist durchschnittlich das Ideal eines Soldaten. Ungemein ruhig, sauber und sehr willig erträgt er die größten Strapazen und kennt absolut keine Furcht vor dem Tode. Paniken sind ausgeschlossen.« Der österreichische Militärbeobachter Oberleutnant Franz

Russische Truppen verteidigen sich gegen einen Angriff der Japaner. Im Zeitalter des Maschinengewehrs und des Mehrladegewehrs führten derartige Angriffe zu schwersten Verlusten.

anzugreifen. Die 3. japanische Armee trat zwischenzeitlich zu ihrer weitausgeholten Umgehung an, die sie in den Rücken des rechten russischen Flügels führen sollte. Die 2. japanische Armee griff nun den rechten russischen Flügel direkt an, während die 4. japanische Armee mit 108 Geschützen die gegenüberliegende 2. und 3. mandschurische (russische) Armee bekämpfte. Zwischen dem 4. und dem 7. März erfolgte ein russischer Gegenangriff, der jedoch keinen Durchbruch erzielen konnte.

Ab dem 8. März wichen die Russen vor den nachdrängenden Japanern über den in Ost-West-Richtung laufenden Fluss Hunho zurück, und am nächsten Tag standen die Japaner bereits an dessen Südufer. Um der drohenden Umklammerung und einem japanischen Durchbruch zuvorzukommen, ordnete Kuropatkin den Rückzug in Richtung Norden an. Damit war die letzte große Schlacht des Krieges geschlagen. Die siegreichen Japaner hatten 16 000 Tote und 60 000 Verwundete zu verzeichnen, die Russen dagegen 60 000 Tote und Verwundete sowie 30 000 Gefangene.

### Das vollautomatische Maschinengewehr

Im Russisch-Japanischen Krieg kam es auf beiden Seiten zum ersten massenhaften Einsatz des vollautomatischen Maschinengewehrs. Diese Waffe war von dem Amerikaner Hiram Maxim um 1885 erfunden worden. Die Waffe nutzt den durch den abgefeuerten Schuss entstehenden Rückstoß zum Nachladen der nächsten Patrone in das Patronenlager. Das sogenannte Maximgewehr mit einer Feuergeschwindigkeit von 600 Schuss pro Minute ersetzte die bis dahin verwendeten, mit Handkurbeln bedienten frühen Maschinenwaffen. Das neuartige Maschinengewehr zeigte vor allem in der Verteidigung Port Arthurs seine tödliche Wirkung, durch die Tausende von japanischen Soldaten umkamen.

# 42 Der Untergang der Flotte des Zaren – Die Seeschlacht bei Tsushima 1905

**Mit der für die Japaner siegreichen Seeschlacht in der Straße von Korea endete für Russland die letzte Hoffung auf einen Sieg im Krieg mit Japan. Die um die halbe Welt gefahrene Flotte des Zaren wurde hier mit Leichtigkeit von der wartenden japanischen Flotte vernichtet.**

Admiral Yamamoto, der japanische Marineminister, während des russisch-japanischen Krieges. Er ernannte Admiral Tōgō zum Befehlshaber über die japanische Flotte, die den Sieg bei Tsushima erfocht.

Seit Beginn des Russisch-Japanischen Krieges hatten die japanischen Armeen die Russen in der Mandschurei immer weiter zurückgedrängt und die wichtige Hafenstadt Port Arthur mit einem Belagerungsring umgeben. Im Hafen von Port Arthur lag die von den Japanern eingeschlossene russische Pazifikflotte, die sich nach einer Niederlage dorthin zurückgezogen hatte. So entschied sich die russische Führung zur Entsendung der baltischen Flotte nach Ostasien. Den Oberbefehl führte Admiral Sinowi Roschestwensky, der am 15. Oktober 1904 von der Ostsee aus auf seine lange Fahrt ging. Die russische Flotte umfasste vier neue Linienschiffe, versehen u. a. mit 30,5-cm-Geschützen, sowie zahlreiche ältere Panzerschiffe, Kreuzer, Torpedoboote und Unterstützungsschiffe. Die über ein halbes Jahr dauernde Reise zehrte an den Nerven der Besatzung, die Moral der ohnehin nicht sehr gut ausgebildeten Seeleute sank. Nach einem letzten Halt vor Schanghai nahm die russische Flotte Kurs auf die Straße von Tsushima, die Korea von Japan trennt. Die japanische Flotte unter Admiral Tōgō Heihachirō war von den Gewässern vor Busan auf die östliche Seite der Insel Tsushima gefahren und erwartete dort den russischen Durchbruch in Richtung Wladiwostok, da sich Port Arthur mittlerweile in japanischer Hand befand. Tōgō hatte alle Vorteile auf seiner Seite. Seine Besatzungen waren ausgeruht und hoch motiviert, er kannte die örtlichen Gewässer genau und verfügte über die schnelleren und besser bewaffneten Schiffe. Tōgōs Flotte bestand aus vier Linienschiffen, einigen großen Kreuzern sowie zahlreichen Torpedobooten.

Am 27. Mai 1905 um 14 Uhr trafen die beiden Flotten aufeinander. Roschestwensky auf der Suwarow befahl seine Kampfschiffe, die er selbst anführte, in Kiellinie. Admiral Tōgōs führte seinen Verband von der Mikasa aus und griff in der klassischen Weise durch »Crossing-the-T« an, während seine Kreuzer die russische Nachhut von beiden Seiten her ansteuerten. Auf einer Entfernung von 9500 Meter eröffneten die russischen Schiffe das Feuer, das

Die Japaner konnten die zum Entsatz von Port Arthur ausgesandte Baltische Flotte in der Straße von Tsushima völlig vernichten, ohne dabei selbst größere Verluste hinnehmen zu müssen.

von den Japanern erwidert wurde. Die den Weg der russischen Flotte kreuzenden Japaner konnte ihre gesamte Feuerkraft auf die vorderen Schiffe konzentrieren. Tōgō gelang es sogar, dieses Manöver ein zweites Mal durchzuführen.

Eine Stunde später war die Suwarow schwer beschädigt und die russische Flotte befand sich unter einem vernichtenden Feuer, dem sie nichts entgegenzusetzen hatte. Roschestwenskys Flaggschiff brannte mittlerweile und war gefechtsunfähig, während er selbst zwei Verwundungen erlitten hatte. Als die Nacht hereinbrach, griffen japanische Torpedoboote an und richteten weitere Verwüstungen an. Der ungleiche Kampf setzte sich bis zum nächsten Tag fort, doch es handelte sich nur noch um ein Vernichtungswerk. Lediglich drei russische Schiffe erreichten Wladiwostok, während etwa 5000 russische Seeleute getötet wurden und 6000 in Gefangenschaft gerieten. Die Japaner hatten hingegen nur drei kleine Schiffe verloren und etwa 700 Tote und Verwundete.

**Der Doggerbank-Zwischenfall – »Geistergefecht« in der Nordsee**
Die in Richtung Ostasien fahrende russische Flotte hatte bereits kurz nach ihrer Abfahrt Gerüchte gehört, dass die Japaner mit Torpedobooten bis in die Nordsee vorgedrungen seien. Die nervösen Geschützbedienungen hielten daher bei der Doggerbank in der Nacht des 21. Oktober 1904 auftauchende englische Fischtrawler für japanische Angreifer und eröffneten sofort das Feuer. Erst nach etwa zehn Minuten gelang es den kommandierenden Offizieren, die Geschütze zum Schweigen zu bringen. Während des Beschusses wurde ein Trawler versenkt und einige Seeleute getötet und verwundet. Dies rief in Großbritannien einen derartigen Sturm der Entrüstung hervor, dass die Gefahr eines Krieges zwischen Großbritannien und Russland bestand.

# 43 Das Wunder an der Marne – Die Marneschlacht 1914

**Die seit 1914 über Belgien unaufhaltsam in Richtung Frankreich vordringenden deutschen Truppen wurden an der Marne kurz vor dem entscheidenden Vorstoß auf Paris von der französisch-britischen Armee aufgehalten. Damit fand der Bewegungskrieg an der Westfront ein Ende und wurde zum jahrelangen Stellungskrieg.**

Der preußische Generalstabschef Helmuth von Moltke führte den Schlieffenplan nicht vollständig aus. Dies bot den Franzosen die Möglichkeit zu einer Gegenoffensive.

Einen Monat nach Ausbruch des Ersten Weltkriegs standen die deutschen Truppen dem Schlieffenplan entsprechend im Nordosten Frankreichs. Fünf Armeen befanden sich auf einer Linie von 200 Kilometern zwischen Paris und Verdun, denen sechs alliierte Armeen gegenüberstanden. Die Generalität beider Seiten glaubte noch daran, einen raschen Bewegungskrieg führen zu können. Gleichzeitig schätzte sie die verheerende Wirkung der eigenen hochmodernen Waffen falsch ein. Die Franzosen hatten sich nach den für sie katastrophalen ersten Schlachten über die Marne zurückgezogen, und Paris bereitete sich auf eine Belagerung vor. Der vom französischen Oberbefehlshaber General Joseph Joffre erarbeitete Plan XVII sah eine völlig andere Ausgangsituation vor: Der Nordosten sollte gedeckt bleiben, während der französische Hauptstoß über Lothringen und den Raum Metz erfolgen würde. Das war nun hinfällig, und Joffre entschied sich für eine Gegenoffensive an der Marne.

Der deutsche Generalstabschef Helmuth von Moltke hatte den Schlieffenplan nicht vollständig ausgeführt, indem er nicht wie vorgesehen bis zur Kanalküste vorgedrungen war. Die Möglichkeit, Paris vom Westen her zu umfassen, war damit nicht mehr gegeben. Die 6. französische Armee war aber nun in der Lage, vom Raum Paris aus in die Flanke der 1. deutschen Armee zu fallen, die den äußersten rechten Flügel bildete und östlich vor Paris stand. Als am 5. September die Franzosen vom Raum Paris aus angriffen, musste die 1. Armee eine Drehung vollführen, um sich verteidigen zu können. Dadurch entstand aber eine etwa 50 Kilometer breite Lücke zu der östlich stehenden 2. deutschen Armee. Die Alliierten nutzten diese Chance und stießen mit der 5. französischen Armee, einem Kavalleriekorps und britischen Truppen, in diese Lücke vor.

Joffre erkannte dies als den Schlüsselpunkt der gesamten Schlacht, die er mit allen Mitteln zu halten versuchte. Zur Verstärkung der 6. Armee zogen die Franzosen eine Division von der Ostfront ab. Als diese in Paris ankam, re-

»Wir sind deshalb gezwungen, zur Defensive überzugehen ... unser Ziel muss sein, so lange wie möglich auszuhalten, den Feind sich abnützen zu lassen und die Offensive zu gegebener Zeit wieder aufzunehmen.«
General Joseph Joffre

Verwundete deutsche Soldaten in Frankreich. Schon in den ersten Schlachten des Krieges zeigte sich die furchtbare Wirkung der modernen Waffen.

quirierte der Militärgouverneur von Paris, Joseph Gallieni, bis zu 1000 Taxis, um einen Teil der Soldaten damit schneller an die Front bringen zu können. Am 8. September führte die französische 5. Armee einen nächtlichen Überraschungsangriff auf die deutsche 2. Armee durch und vergrößerte den in der deutschen Front klaffenden Zwischenraum noch weiter. Damit war die Front für die Deutschen nicht mehr zu halten, und am 10. September begann der Rückzug, der erst in den nächsten Tagen hinter der Aisne zum stehen kam. Obwohl Joffre die Verfolgung befahl, war diese für die ermüdeten französischen Soldaten nicht mehr zu bewerkstelligen. Die deutschen Truppen besetzten Verteidigungsstellungen, und damit nahm der vierjährige Stellungskrieg an der Westfront seinen Anfang.

Die Marneschlacht hatte die Franzosen um die 300 000, die Deutschen um die 250 000 Mann Verluste gekostet. Mit der verlorenen Marneschlacht war auch die Möglichkeit der Verhinderung eines Zweifrontenkrieges für Deutschland endgültig vergeben.

### Der Schlieffenplan – Ein genialer Plan mit fatalen Folgen

Der vom Chef des deutschen Generalstabs Alfred Graf von Schlieffen bereits 1905 erarbeitete Plan für den Fall eines erwarteten gleichzeitigen Krieges mit Frankreich und Russland war vom militärischen Standpunkt aus genial. Er sah einen am rechten Flügel durch das neutrale Belgien hindurch geführten, blitzartigen Angriff vor, um Frankreich niederzuwerfen. Danach sollten sich die deutschen Armeen im Osten den Russen entgegenstellen. Der Plan berücksichtigte allerdings nicht, dass Großbritannien im Falle eines deutschen Einmarsches in den Krieg eintreten würde. Die durch den Plan geforderte Schnelligkeit des Handelns setzte die Militärs in einen unheilvollen Zugzwang.

# Hindenburg schlägt die russische Dampfwalze – Die Schlacht bei Tannenberg 1914

**Nach dem Einmarsch zweier russischer Armeen in Ostpreußen im August 1914 ging die 8. deutsche Armee trotz zahlenmäßiger Unterlegenheit in die Offensive. Die Schlacht bei Tannenberg fand südlich von Allenstein vom 26. bis 30. August 1914 statt. Sie endete mit einem Sieg der deutschen Truppen und der Zerschlagung der eingedrungenen Narew-Armee.**

Um Frankreich zu entlasten, schickte das russische Oberkommando zwei Armeen gegen Ostpreußen, das nur von der 8. deutschen Armee gesichert wurde. Die Njemen-Armee unter Pawel Karlowitsch Rennenkampf stieß von Osten vor, die Narew-Armee unter Alexander Samsonow drang von Süden her ein. Rennenkampfs Armee erzielte am 19. August 1914 in der Schlacht von Gumbinnen einen ersten Erfolg. Der russische Generalstab rechnete nun damit, dass sich die deutschen Truppen über die Weichsel zurückziehen würden. Für General Paul von Beneckendorff und von Hindenburg kam eine Räumung deutschen Kernlands vor den Russen aber nicht infrage. Das russische Oberkommando ging jedoch von dieser Überlegung aus. Daher wurde die Njemen-Armee mit dem Ziel Königsberg in Marsch gesetzt. Die Narew-Armee sollte den als besiegt angesehenen deutschen Truppen nur noch den Rückweg abschneiden.

**Paul von Hindenburg**

Der »Held von Tannenberg« wurde im Ersten Weltkrieg zur Symbolfigur der politischen Rechten. Hindenburg (1847–1934) entstammte einer preußischen Gutsbesitzerfamilie und schlug bereits als Zwölfjähriger eine militärische Laufbahn ein. 1914 wurde er in Ostpreußen als Oberbefehlshaber reaktiviert. Seine Operationen an der Westfront 1918 blieben jedoch erfolglos. In der Weimarer Republik wurde Hindenburg mit der Unterstützung der vereinigten Rechtsparteien zum Reichspräsidenten gewählt, 1932 abermals. Als der 85-Jährige unter dem Druck seiner Ratgeber am 30. März 1933 Adolf Hitler zum Reichskanzler berief, besiegelte er damit das Ende der Weimarer Republik.

Generalfeldmarschall Paul von Hindenburg (Mitte) und sein Stab während der Schlacht von Tannenberg

Ohne Feindaufklärung rückten Samsonows zehneinhalb Infanterie-Divisionen und drei Kavallerie-Divisionen vor. Unterdessen wurde das 1. deutsche Armeekorps unter General Hermann von François von Gumbinnen per Eisenbahn nach Süden verschoben. Zwei Korps unter den Generalen August von Mackensen und Otto von Below sollten der Narew-Armee entgegenrücken, während die übrigen Truppen bei Allenstein eine Verteidigungsstellung beziehen sollten.

Am 27. August griff François mit 112 Geschützen auf einem Frontabschnitt von zwei Kilometern an. Die Angreifer durchbrachen unter geringen Verlusten die Stellungen des 1. russischen Korps, das daraufhin den Rückzug antrat. Inzwischen traf das 6. russische Korps völlig unvorbereitet auf die beiden Korps unter Mackensen und Below. Aufgrund ihrer numerischen Überlegenheit zwangen sie die Russen zu einem ungeordneten Rückzug. Während dieser Ereignisse eröffnete Samsonows Zentrum mit zweieinhalb Korps die Offensive. Bald wurde ihm klar, dass er Gefahr lief, umfasst zu werden. Am 28. August wurde dies immer wahrscheinlicher, als Mackensens und Belows Truppen unerbittlich vorgingen.

Am 29. und 30. August entwickelte sich das Zurückweichen der russischen Truppen zur Katastrophe. Das 8. Korps befand sich noch in der Offensive, als Belows Truppen bei Allenstein durchbrachen und den Kordon um das Zentrum der Narew-Armee schlossen. Hilflos zogen sich die Russen durch Wälder und Sümpfe zurück. Der völlig niedergeschlagene Befehlshaber der Narew-Armee erschoss sich wenig später.

Am Abend des 31. August war die letzte russische Gegenwehr zerschlagen. 92 000 Russen waren in Gefangenschaft geraten, 6739 wurden auf dem Schlachtfeld begraben. Auf deutscher Seite fielen an die 4000 Mann, 6800 wurden verwundet. Der Sieg von Tannenberg war fraglos ein großer Sieg der 8. Armee, doch ihr Auftrag war damit noch nicht erfüllt. Die deutschen Truppen mussten sich noch der Njemen-Armee zuwenden. In der folgenden Schlacht an den Masurischen Seen (6.–14. September 1914) wurde Rennenkampfs Armee aus Ostpreußen verjagt. Die russische Dampfwalze, auf die Großbritannien und Frankreich so viel Hoffnung gesetzt hatten, war unterwegs in sich zusammengebrochen.

»Der Ring um Tausende und Tausende von Russen begann sich zu schließen. Sogar in dieser verzweifelten Situation gab es viel russisches Heldentum in der Sache des Zaren, Heldentum, das die Waffenehre rettete, aber die Schlacht nicht mehr retten konnte.«
Paul von Hindenburg am 29. August 1914

# Beginn der großen Materialschlachten – Die Schlacht um Verdun 1916

**Die bedeutende Schlacht um Verdun begann am 21. Februar 1916 mit einem deutschen Angriff auf die französische Festung Verdun. Die mörderischen Kämpfe endeten am 20. Dezember 1916 ohne wesentliche Verschiebung des Frontverlaufs.**

Angesichts des sich immer länger hinziehenden Stellungskrieges und der sich immer deutlicher abzeichnenden quantitativen Überlegenheit der Entente-Truppen drohte den Deutschen die Möglichkeit zur strategischen Initiative allmählich zu entgleiten. Daher beabsichtigte der Generalstabschef des deutschen Heeres, Erich von Falkenhayn, Frankreich mit einem entscheidenden Großangriff zu schlagen. Dabei argumentierte er: »Frankreich ist in seinen Leistungen bis nahe an die Grenze des noch Erträglichen gelangt – übrigens in bewundernswerter Aufopferung. Gelingt es, seinem Volk klar vor Augen zu führen, dass es militärisch nichts mehr zu hoffen hat, dann wird die Grenze überschritten.«

Als Ziel der Offensive wählte man die Festung Verdun – ein historisches Bollwerk der Franzosen gegen Eindringlinge aus dem Osten. Bei Kriegsbeginn gab es über 40 Befestigungen in und um Verdun, darunter 20 Forts und

### Sturmtruppen

Als spezieller Truppenteil waren Sturmtruppen derart ausgebildet, gleichzeitig zu laufen und zu feuern. Diese Technik hatte der Pionierhauptmann Willy Rohr 1915 entwickelt und war von General Falkenhayn zur allgemeinen Einführung befohlen worden. Sturmsoldaten hatten das Bajonett aufgepflanzt und trugen Patronenbandoliers von 90 Schuss, umgehängte Sandsäcke mit Stielhandgranaten und Gasmasken. Einige waren mit Flammenwerfern ausgerüstet, andere hatten große Pionierschaufeln, um eroberte Stellungen möglichst rasch zur eigenen Verteidigung wiederherzurichten. Die Spitzen der Pickelhauben waren abmontiert worden, um nicht im Stacheldraht hängen zu bleiben. Einige wenige Soldaten trugen bereits den Stahlhelm Modell 1916, dessen Form für drei Jahrzehnte zum Symbol des deutschen Infanteristen werden sollte.

Französischer Sturman-
griff während der
Schlacht von Verdun.
Derartige Aktionen
brachten meist kein
nennenswertes
Ergebnis, führten
aber bei den angrei-
fenden Truppen zu
extrem hohen Verlusten.

Zwischenwerke, die mit Maschinengewehren, gepanzerten Beobachtungs-
und Geschütztürmen sowie Kasematten bestückt waren. Nachdem der eigentliche Angriffstermin, der 12. Februar 1916, wegen der schlechten Wit-
terung mehrmals verschoben worden war, begann am 21. Februar die
deutsche Offensive. Berichte von Überläufern gaben der französischen Aufklärung aber die Zeit und die Argumente, den Oberbefehlshaber Joseph
Joffre zu überzeugen, dass die Deutschen eine groß angelegte Offensive vorbereiteten. Die Franzosen konzentrierten daher am bedrohten Ostufer der
Maas etwa 200 000 Mann. Ihnen gegenüber stand eine deutsche Übermacht
von circa 500 000 Soldaten.

Die deutsche Offensive begann mit dem Trommelfeuer von 1200 Geschützen und Minenwerfern aller Kaliber, das über neun Stunden mit einer
bis dahin nicht für möglich gehaltenen Intensität erfolgte. Zuerst machte
der deutsche Angriff durch sechs Infanteriedivisionen – erstmals wurden
auch Sturmtruppen eingesetzt – sichtbare Fortschritte. Schon am 25. Februar gelang deutschen Einheiten die Einnahme des Forts Douaumont im
Handstreich. 20 deutsche Angreifer überrumpelten die aus 67 Soldaten bestehende französische Garnison in den unteren Kasematten, ohne einen
einzigen Schuss abzugeben. Dann aber kam der deutsche Angriff vor dem
stark befestigten Dorf Douaumont zum Stehen. Trotz des massiven Artille-
riebeschusses war der französische Widerstand viel zäher, als auf deutscher
Seite erwartet. Nach heftigen Kämpfen wurde die Ortschaft jedoch am
4. März erobert. Auf dem linken Flügel erreichte der Angriff der nördlichen

Gruppe vier Tage später das Dorf Vaux und das südlich gelegene Fort. Allerdings konnte diese Eroberung nicht dauerhaft gehalten werden.

Am 20. März eroberten bayerische und württembergische Infanteristen die Wälder von Avocourt und Malancourt. Weitere Geländegewinne folgten, mussten aber gegen heftige Gegenangriffe gehalten und im stärksten gegnerischen Feuer ausgebaut werden. Im Mai verstärkten die deutschen Truppen ihre Operationen auf dem linken Maasufer, wo ihnen die Höhe Toter Mann im Wege stand. Es erfolgte der Angriff auf die Höhe 304, einen festen Stützpunkt. Die Kämpfe dauerten einen Monat und brachten den Deutschen nur die Eroberung des Gipfels des Toten Mannes und der Nordhänge der Höhe 304 ein.

Am 8. Mai ereignete sich in Fort Douaumont eine Katastrophe. Durch eine Verkettung unglücklicher Umstände kam es zu folgenschweren Explosionen. Die zusätzlich durch die Enge der Gänge verstärkte Explosionswirkung forderte eine große Zahl Opfer. Einige Einheiten verloren ihre Bataillons- und Regimentsstäbe, die sich im Fort befanden. Die bald eintreffenden Rettungstrupps bargen den größten Teil der Leichen und bestatteten sie in den Kasematten des Frontwalls. Überwiegend handelte es sich um Brandenburger.

Um das linke Maasufer zu entlasten, griff am 22. Mai die 5. französische Infanteriedivision auf dem rechten (östlichen) Ufer der Maas in Richtung Douaumont an. Der Angriff glückte indes nur im Zentrum, dann warf der deutsche Gegenangriff am 24. Mai die Angreifer wieder aus dem Fort. Die Deutschen stießen weit vor und erstürmten den Cailette-Wald. Am 2. Juni fiel Fort Vaux erneut in deutsche Hand. Nur in den Hohlräumen konnten sich die Franzosen bis zum 7. Juni halten. Bereits am 8. Juni setzten weitere deutsche Angriffskämpfe ein. Sie führten zu einem erheblichen Geländegewinn südlich des Forts Douaumont.

Infolge der Anfang Juni an der Ostfront begonnenen Brussilow-Offensive mussten deutsche Truppen aus dem Kampfgebiet abgezogen werden. Dennoch wurde am 22. Juni eine weitere Großoffensive unternommen. Das Zwischenwerk Thiaumont und das Dorf Fleury konnten erstürmt werden. Die von den Briten am 1. Juli eröffnete Schlacht an der Somme führte allerdings dazu, dass weitere deutsche Einheiten bei Verdun abgezogen werden mussten. Am 11. Juli wurde trotzdem eine letzte Großoffensive mit 30 000 Mann begonnen, darunter auch das kurz zuvor an der Westfront eingetroffene

»Tagsüber siehst du die feisten Verdunratten, groß wie Katzen ... an die wassergefüllten Trichter schleichen ... und kriechst selbst hin zum Wasserloch, um das Gesicht einzutauchen.«
Ein Augenzeuge über die grauenvollen Bedingungen in den Stellungen bei Verdun

Alpenkorps. Einen schnellen Durchbruch erhoffte man sich durch die erstmalige Verwendung von Phosgen-Granaten, aufgrund der Farbe und Form ihrer Markierungen an Geschoss und Kartusche auch als Grünkreuz bekannt. Nach heftigem Artilleriebeschuss wurden Phosgen-Granaten abgefeuert, die zunächst nicht explodierten und von den Franzosen für Blindgänger gehalten wurden. Gegen das neue Gas waren die französischen Soldaten trotz ihrer Gasmasken weitgehend schutzlos, voller Entsetzen flüchtete ein Teil der Verteidiger. Die Deutschen stießen westlich von Fleury vorbei und gelangten bis Fort Souville. Dort wurden sie allerdings zurückgeworfen. Die Kämpfe dauerten jedoch hartnäckig bis Mitte August weiter. Hauptsächlich umkämpft wurden das Zwischenwerk Thiaumont und das Dorf Fleury, das die Franzosen nach mehrfachen Versuchen am 18. August wieder eroberten.

" Father, we must have a higher pile to see Verdun."

Britische Karikatur auf die von der deutschen Führung nüchtern einkalkulierten, extrem hohen Opferzahlen von Verdun: Der deutsche Kronprinz sagt zu seinem Vater Kaiser Wilhelm: »Vater, wir brauchen einen höheren Haufen, um Verdun sehen zu können.«

Anschließend machte man sich auf französischer Seite daran, die Schäden, die durch die deutschen Offensiven entstanden waren, wieder zu beheben. Nachdem dies geschehen war, erfolgte am 24. Oktober 1916 eine Offensive mit acht Divisionen. Bei dichtem Nebel griffen die Franzosen energisch an, machten über 6000 Gefangene und erbeuteten 15 Geschütze. Als sie am 2. November in das von den Deutschen aufgegebene Fort Vaux zurückkehrten, befanden sie sich im Wesentlichen in ihren Stellungen vom 25. Februar. Danach blieb die Front von Verdun lange Monate relativ ruhig. Um den Gegner bei Verdun ins Wanken zu bringen, ließ General Henri Philippe Pétain am 20. August erneut angreifen. Mehrere Höhen wurden genommen, nur die Höhe 304 leistete noch Widerstand. Schließlich räumten die Deutschen aber auch diese Stellung. Über 9000 deutsche Soldaten gerieten in Gefangenschaft, zahlreiche Geschütze, Minenwerfer und Maschinengewehre fielen in französische Hand. Eine letzte Offensive der Franzosen brach am 15. Dezember 1916 los, fünf Tage später wurde sie nach Geländegewinnen eingestellt. In drei Gegenoffensiven waren die Deutschen zurückgedrängt worden, es blieb ihnen nur das, was im Februar 1916 die vorgeschobene Stellung der französischen Verteidiger dargestellt hatte. In der »Hölle von Verdun« mussten die Franzosen etwa 377 000 Gefallene und Verwundete beklagen. Die deutschen Verluste beliefen sich auf an die 337 000 Soldaten.

# 46 Duell der Giganten – Die Seeschlacht vor dem Skagerrak 1916

**Die Seeschlacht vor dem Skagerrak war die einzige ihrer Art während des gesamten Ersten Weltkriegs. Obwohl die deutsche Flotte einen taktischen Sieg erzielte, indem sie den Briten höhere Verluste beibrachte, als sie selbst hinnehmen musste, blieb die britische Seeherrschaft dennoch ungebrochen.**

Das von Kaiser Wilhelm II. noch vor dem Ersten Weltkrieg enorm geförderte Flottenbauprojekt hatte die deutsche Marine zu einem gefährlichen Gegner der britischen Seeherrschaft werden lassen. Daher vermutete man bei Beginn des Krieges, dass es in Kürze zu einer großen Seeschlacht zwischen diesen beiden Mächten kommen würde. Dennoch ereigneten sich zunächst nur kleinere Gefechte, da die deutsche Seekriegstaktik darauf abzielte, die nach wie vor überlegene britische Flotte durch das stetige Vernichten einzelner Schiffe zu treffen. Doch unter dem Eindruck der hohen Opferzahlen des Heeres wurde die deutsche Marine schließlich zum Handeln gedrängt.

Da der deutsche Plan eines Angriffs auf die ostenglische Küste aus Witterungsgründen nicht durchführbar erschien, lief die deutsche Hochseeflotte unter Vizeadmiral Reinhard Scheer in Richtung Skagerrak aus, um hier gegen britische Schiffe vorzugehen. Vor der deutschen Hauptmacht unter Scheer fuhr das deutsche Schlachtkreuzergeschwader unter Admiral Franz von Hipper. Die britische Aufklärung hatte das Auslaufen der deutschen

**Gefechtskehrtwendung gegen »Crossing-the-T«**

Dieses Manöver, das Admiral Scheer während der Schlacht anwandte, um dem vernichtenden »Crossing-the-T« zu entkommen, ist in der Theorie einfach zu verstehen, doch verlangte es in der Praxis auch ohne feindlichen Beschuss ein hohes seemännisches Können. Alle in Kiellinie fahrenden Schiffe mussten dabei gleichzeitig eine Wende um 180 Grad durchführen, um so eine in Gegenrichtung laufende, erneute Fahrt in Kiellinie aufnehmen zu können. Dabei nahm das letzte Schiff nun die Führungsposition ein, während das zuerst führende Schiff nun das Ende der Reihe bildete. Der Befehl zur Gefechtskehrtwendung wurde vor Einführung des Sprechfunks durch Flaggensignale gegeben.

Deutsche Panzerkreuzer am 31. Mai gegen 20 Uhr abends im Kampf gegen die britische Flotte.

Hochseeflotte registriert und die beiden Admiräle John Jellicoe und David Beatty davon in Kenntnis gesetzt. Zunächst traf Beatty am 31. Mai mit seinem Geschwader aus Schlachtkreuzern auf die vorgezogenen deutschen Schlachtkreuzer und verfolgte sie, wie von Hipper beabsichtigt, auf deren Weg zurück zur Hauptflotte.

Gegen 16 Uhr eröffneten die Briten das Feuer, doch dieses lag zu kurz. Der deutsche Gegenschlag war furchtbar, drei britische Schlachtkreuzer wurden schwer getroffen und versenkt. Als die Briten dabei waren, die zahlenmäßige Überlegenheit zu gewinnen, traf die deutsche Hauptmacht ein. Die britischen Schiffe zogen sich in Richtung Jellicoes Grand Fleet zurück, wurden jedoch von den Deutschen verfolgt. Gegen 18 Uhr trafen beide Flotten aufeinander. 28 britische Schlachtschiffe standen 16 deutschen Schlachtschiffen gegenüber, dazu kamen auf beiden Seiten noch zahlreiche Schiffe niedrigerer Klassifizierung. Die britische Flotte war jedoch mit 159 Fahrzeugen um ein gutes Drittel zahlenmäßig überlegen. Jellicoe gelang es zunächst, seine Schiffe in Kiellinie zu bringen und das »Crossing-the-T«-Manöver durchzuführen, das die Entfaltung seiner ganzen Feuerkraft erlaubte.

Scheer konnte sich jedoch hinter einem Schleier seiner kleineren Schiffe mit der Durchführung einer komplizierten »Gefechtskehrtwendung« retten. Diese gelang unter der Deckung der Torpedoboote und Schlachtkreuzer sogar ein zweites Mal. Scheer befand sich nun auf dem Weg nach Süden, doch die Kämpfe tobten die ganze Nacht hindurch bis zum nächsten Morgen. Dennoch gelang es der deutschen Flotte, die Heimathäfen zu erreichen, da Jellicoe die Gefahr von deutschen Torpedoangriffen etwas überschätzte und sich zurückzog. Die britischen Verluste an versenktem Schiffsraum und Menschen waren mit drei Schlachtkreuzern und fast 6000 Toten gegenüber 2500 toten Deutschen höher, doch der Ausgang der Schlacht hatte den Kriegsverlauf nicht ändern können.

»In der langen und glorreichen Geschichte der britischen Marine ist nichts verzeichnet, was sich mit dieser Tragödie auch nur einigermaßen vergleichen ließe.«
Lord Sydenham of Combe

47

# Wendepunkt des Pazifikkrieges – Die Schlacht um Midway 1942

**Vom 4. bis zum 7. Juni 1942 kämpften bei den Midway-Inseln im Nordpazifik starke Verbände der Kaiserlich Japanischen Marine und der Marine der Vereinigten Staaten. Die Schlacht zwischen mehreren Flugzeugträgern wurde durch die Versenkung von vier japanischen Trägern entschieden.**

1942 waren die Midway-Inseln der am weitesten im Westen liegende Vorposten der Amerikaner im zentralen Pazifik. Der strategische Wert der Inseln war gering, aufgrund ihrer Größe eigneten sie sich nur als Stützpunkt zur Aufklärung, nicht aber als größere Basis. Wegen der relativen Nähe zu Pearl Harbor konnten die US-Streitkräfte es sich jedoch nicht leisten, die Inseln ohne Weiteres zu verlieren. Als Auftankstation für die aus Pearl Harbor gegen japanische Schiffe eingesetzten U-Boote waren die Inseln außerdem recht nützlich.

Die japanische Strategie sah vor, Sand Island und Eastern Island einzunehmen. Dies sollte die Amerikaner veranlassen, ihre Träger nach Midway in Marsch zu setzen. Die japanische Übermacht wollte sie dann dort angreifen und möglichst alle gegnerischen Flugzeugträger vernichten.

Auf amerikanischer Seite war es inzwischen geglückt, den japanischen Marinecode zu entschlüsseln und das Kürzel AF als Midway zu identifizie-

**Douglas SBD Dauntless**

Nachdem das Luftfahrtbüro der amerikanischen Kriegsmarine einen neuen Bomber ausgeschrieben hatte, der von Flugzeugträgern aus operieren sollte, erhielt die Firma Northrop, die bald von Douglas aufgekauft wurde, den Zuschlag. Die erste SBD-1 flog am 1. Mai 1940. Bis Dezember 1941 wurden weitere 584 Maschinen bestellt, die einen stärkeren Motor und selbstversiegelnde Tanks hatten. Die folgenden Versionen unterschieden sich im Wesentlichen durch den Einbau eines stärkeren Motors. Zu Beginn des Krieges waren je zwei Staffeln, eine Aufklärungs- und eine Bomberstaffel, mit je 18 SBD ausgerüstet. Im Verlauf des Krieges ging ihre Zahl zugunsten der Jagdflugzeuge kontinuierlich zurück. Insgesamt wurden 5936 SBD gebaut. Dank ihrer Beschussfestigkeit hatten sie die niedrigste Verlustquote aller US-Flugzeuge in Fernost.

ren. Admiral Chester W. Nimitz entschied sich recht schnell für Midway und machte seine aus den Trägern USS Enterprise und USS Hornet bestehende Flugzeugträgerflotte klar. Um die Midway-Inseln besser verteidigen zu können, wurde der in der Schlacht im Korallenmeer (7./8. Mai 1942) schwer beschädigte Träger USS Yorktown durch 2000 Werftarbeiter in kürzester Zeit wieder instand gesetzt. Außer den drei Trägern liefen 50 weitere Schiffe der Amerikaner aus.

Die Japaner setzten den Trägerkampfverband von Vizeadmiral Nagumo Chūichi mit vier Flugzeugträgern in Richtung Midway in Fahrt. Etliche Hundert Meilen dahinter kamen die Schlachtschiffe des Oberkommandierenden, Admiral Yamamoto Isoroku. Aus südwestlicher Richtung näherte sich der dritte japanische Kampfverband unter Vizeadmiral Kondō Nobutake.

**Amerikanische Marineflugzeuge im Angriff auf die japanische Flotte. Schiffe konnten sich gegen eine große Zahl angreifender Flugzeuge im Grunde genommen nicht erfolgreich zur Wehr setzen.**

**Der amerikanische Flugzeugträger USS Yorktown wurde durch japanische Bomben und Torpedos schwer getroffen.**

Seine Kreuzer und Zerstörer bildeten die Invasionsflotte für Midway. Insgesamt waren 150 japanische Schiffe unterwegs.

Kurz nach 5 Uhr 30 meldete am 4. Juni 1942 eine amerikanische Aufklärungsmaschine die Sichtung der japanischen Trägerflotte etwa 200 Meilen nordwestlich von Midway. Wenig später berichtete der Funker einer anderen Maschine, dass die Japaner mehr als 100 Bomber und Kampfflugzeuge von ihren Trägern in Richtung Midway gestartet hatten. Gegen 6 Uhr 30 erreichten die japanischen Flugzeuge Midway und bombardierte Eastern Island und Sand Island. Der angerichtete Schaden war allerdings nur gering.

Zur Wendung der Schlacht kam es, als um 7 Uhr von der USS Hornet und der USS Enterprise Trägergeschwader starteten, um die japanischen Flugzeugträger anzugreifen. Die Torpedobomber der Amerikaner erlitten hohe Verluste, doch der Angriff hatte zur Folge, dass die japanischen Jäger niedrig flogen und die kurz danach eintreffenden amerikanischen Sturzkampfbomber freie Bahn hatten. Die Sturzkampfbomber der USS Enterprise verfehlten beinahe den Gegner, aber als am Abfangpunkt nur leere See zu sehen war, nahm der Befehlshaber, Korvettenkapitän Clarence Wade McClusky, an, dass die Japaner nur nach Norden abgedreht haben konnten. Kurz nach 10 Uhr erblickte er den japanischen Trägerverband. Etwa gleichzeitig trafen die später gestarteten Staffeln der USS Yorktown bei McCluskys Verband ein. Da die Jagdflugzeuge der Japaner die amerikanischen Torpedobomber bekämpften, konnten die bewährten Douglas SBD-5 Dauntless der USS Enterprise und der USS Yorktown gegen 10 Uhr 20 drei der japanischen Flugzeugträger aus großer Höhe angreifen.

Auf den Hangardecks der japanischen Träger Sōryū, Akagi und Kaga standen zahlreiche vollgetankten Flugzeuge, die sich gerade auf den Start vorbereiteten. Bereits einige Minuten später brannten alle drei Flugzeugträger und waren für die weitere Schlacht nicht mehr einsetzbar. In den nächsten Stunden sanken die Sōryū und die Kaga. Auf der Akagi war das Feuer nicht mehr zu kontrollieren, sodass der Träger aufgegeben werden musste. Von den japanischen Flugzeugträgern war nur noch die Hiryū übrig. Um den amerikanischen Torpedofliegern auszuweichen, war sie vom Kurs weit abgekommen und entging daher den Sturzkampfbombern. Mithilfe der Hiryū gelang es den Japanern, einige gravierende Gegenschläge auszuführen (u. a. gelang ein Treffer der USS Yorktown, der dazu führte, dass das Schiff später aufgegeben werden musste). Es kehrten außerdem genug japanische Maschinen zur Hiry zurück, um eine dritte Angriffsstaffel aufzustellen.

Gegen 17 Uhr begannen Bomber der USS Enterprise, den japanischen Träger zu attackieren, wobei zehn Maschinen der USS Yorktown die Angreifer unterstützten. Gerade als die Maschinen der Hiryū starten wollten, schlugen vier Bomben im vorderen Flugdeck ein und setzten den Träger in Brand. Das Feuer zwang die Japaner schließlich zur Aufgabe auch dieses Trägers. Das ausgebrannte Schiff wurde auf Befehl hin mit Torpedos versenkt. Nach dem Verlust des letzten Trägers befahl Admiral Yamamoto schließlich am 5. Juni kurz vor 3 Uhr den Abbruch der Schlacht; die gesamten Flotte zog sich zurück nach Westen.

Bis zum 7. Juni griffen amerikanische Flugzeuge immer wieder einzelne Schiffe der japanischen Flotte an. Bei einem dieser Angriffe wurde der schwere Kreuzer Mikuma versenkt. Bei Midway verloren die Japaner alle vier eingesetzten großen Flugzeugträger und viele erfahrene Marineflieger, unter ihnen nicht wenige Ausbilder. Die Verluste beliefen sich auf etwa 4800 Gefallene. Die Amerikaner hatten 307 Tote zu beklagen. Aufgrund der schweren japanischen Verluste an Trägern und Piloten waren beide Seiten nun ungefähr gleich stark. Die japanische Flotte hatte bei Midway die Initiative verloren, und bereits zwei Monate später begannen die Alliierten ihre erste Offensive mit der Landung auf Guadalcanal. Von nun an bis zur Kapitulation Japans 1945 reagierte die japanische Flotte nur noch auf Vorstöße der immer stärker werdenden Alliierten.

»Etwa um 14 Uhr begannen unsere Flugzeuge zurückzukommen. Sie waren lange unterwegs gewesen und hatten nur noch wenig Treibstoff. Einige SBD [Sturzkampfbomber Dauntless] machten Bruchlandungen. Viele waren voller Löcher.« Sanitätsoffizier Joseph P. Pollard an Bord des Flugzeugträgers USS Yorktown

# 48 Wendepunkt im Osten – Die Schlacht von Stalingrad 1942/43

**Die Schlacht von Stalingrad, die vom 13. September 1942 bis zum 2. Februar 1943 dauerte, war eine der größten Schlachten des Zweiten Weltkriegs. Sie endete mit der Vernichtung der 6. deutschen Armee und der verbündeten Truppen.**

Nach der Gegenoffensive der Roten Armee im Winter 1941/42 wurde im Sommer 1942 auf deutscher Seite die »Operation Blau« geplant, um die sowjetischen Ölfelder im Kaukasus einzunehmen. Als wichtiges Operationsziel galt dabei die Stadt Stalingrad an der Wolga. Sie war von großer strategischer Bedeutung, da auf der Wolga amerikanische Rüstungsgüter aus dem Persischen Korridor und vom Kaspischen Meer nach Zentralrussland transportiert wurden. Hitler glaubte, dass »der Feind« durch den ersten Kriegswinter bereits erheblich geschwächt war, und befahl daher, Stalingrad und den Kaukasus gleichzeitig anzugreifen. Eine fatale Fehleinschätzung, wie sich herausstellen sollte. Auf der deutschen Seite führt diese Taktik zur Überdehnung der Front, die daraufhin an Schlagkraft verlor.

Der Angriff auf Stalingrad wurde von General Friedrich Paulus geleitet. Er kommandierte die etwa 250 000 Mann starke 6. Armee, Teile der 4. Pan-

**Friedrich Paulus**

Der Oberbefehlshaber der 6. Armee wurde 1890 in Breitenau, Hessen, geboren. Im Februar 1910 trat Paulus als Fahnenjunker in das Infanterieregiment Nr. 111 ein. Im Ersten Weltkrieg erreichte er den Dienstgrad eines Hauptmanns und diente anschließend in der Reichswehr. 1935 wurde Paulus zum Oberst ernannt und war maßgeblich am Aufbau der deutschen Panzerwaffe beteiligt. Im Zweiten Weltkrieg wurde er 1940 Oberquartiermeister beim Generalstab des Heeres. Obgleich Paulus kaum über Kommandoerfahrung verfügte, wurde er 1941 zum General der Panzertruppe und zum Oberbefehlshaber der 6. Armee befördert. Nach der Katastrophe von Stalingrad schloss sich Paulus als Kriegsgefangener dem Nationalkomitee Freies Deutschland an und kooperierte mit den Sowjets. 1953 siedelte er in die DDR über, erhielt aber keine einflussreiche Position. Paulus starb 1957 in Dresden.

zerarmee sowie italienische und rumänische Divisionen. Am 23. August erreichte eine deutsche Panzerabteilung die Wolga bei Rynok im Norden von Stalingrad. Am gleichen Tag kamen in Stalingrad Tausende Zivilisten durch einen deutschen Luftangriff ums Leben. Auf Befehl Josef Stalins durfte die Stadt nicht evakuiert werden. Erst Ende August sollten Einwohner aus der Stadt gebracht werden. Die Verteidigung Stalingrads führten drei sowjetische Armeen durch, die Marschall Semjon Timoschenko befehligte. Da zu diesem Zeitpunkt eine sowjetische Armee die gleiche Stärke wie ein deutsches Korps hatte, waren beide Seiten zu Beginn der Schlacht etwa gleich stark. Die Verteidiger verbarrikadierten jedes Haus und jede Festung, sodass die deutschen Soldaten auf heftigen Widerstand stießen. Erst im November konnte die beinahe völlig zerstörte Stadt nahezu vollständig unter deutsche Kontrolle gebracht werden. Doch bereits am 19. November 1942 begann die sowjetische Gegenoffensive, »Operation Uranus«. Sowjetische Streitkräfte der Donfront brachen durch die 3. rumänische Armee, die schlecht ausgerüstet war. Dies und der Umstand, dass zahlreiche Panzer Tschechiens und Rumäniens technisch veraltet oder nicht einsatzbereit waren, führte dazu, dass die Deutschen und ihre Verbündeten durch eine Zangenbewegung eingeschlossen wurden.

Paulus und sein Stab planten, zunächst die Fronten zu stabilisieren und dann nach Süden auszubrechen. Nachdem Reichsmarschall Hermann Göring versichert hatte, die Luftwaffe sei in der Lage, den benötigten Min-

**Die zerstörten Häuser von Stalingrad boten den russischen Truppen immer noch genügend Deckung, um den Kampf erfolgreich fortsetzen zu können (November 1942).**

destbedarf von 550 Tonnen täglich einzufliegen, beschloss Hitler am 24. November, den Kessel aus der Luft zu versorgen. Der höchste Versorgungsumfang wurde am 19. Dezember mit nur 290 Tonnen erreicht. An manchen Tagen konnten wegen des schlechten Wetters überhaupt keine Versorgungsflüge durchgeführt werden. Eingesetzt wurden vor allem die Flugzeugtypen Ju 52 und He 111. Der Großteil der Ladung bestand aus Treibstoff für den Rückflug sowie für die Panzer und die im Kessel befindlichen Begleitjäger Bf 109. Bereits am 24. November wurden die Rationen der Soldaten halbiert und die Brotzuteilung auf täglich 300 Gramm festgelegt. In der Folgezeit gab es nur noch 100 Gramm, gegen Ende bloß noch 60 Gramm pro Mann. Die meisten eingekesselten Soldaten starben daher auch nicht infolge von Kampfhandlungen, sondern an Unterernährung und Unterkühlung.

Unter dem Kommando von Generalfeldmarschall Erich von Manstein wurde vom 12. Dezember bis 23. Dezember durch die 4. Panzerarmee ein Entlastungsangriff (Unternehmen »Wintergewitter«) zur Befreiung der 6. Armee geführt. Bis auf 48 Kilometer kamen die Panzer an den Kessel heran, doch eine weiter westlich zeitgleich begonnene Großoffensive der Roten Armee, die die gesamte Heeresgruppe Süd mit Abschnürung bedrohte, erzwang die Einstellung des Entsatzangriffes. Im Kessel konnte sich Paulus, der am 30. November zum Generaloberst befördert worden war, nicht zu einem Durchbruchsversuch in Richtung der 4. Panzerarmee entschließen. Die Kräfte der 6. Armee reichten längst nicht mehr für einen erfolgreichen Durchbruch zu den deutschen Linien aus. Die Lage der Deutschen und ihrer Verbündeten in Stalingrad wurde immer aussichtsloser.

Nach dem Abschluss der »Operation Uranus« begann am 10. Januar 1943 eine neue Offensive der Rotarmisten um Stalingrad. »Operation Ring« hatte zum Ziel, den Kessel von Stalingrad zu »zerschmettern«. Zum

Deutsche Soldaten in Stalingrad. Sie litten zunehmend Mangel an allen Arten von Material, da die Luftwaffe nicht über die nötigen Kapazitäten verfügte, um die eingeschlossene Armee zu versorgen.

einen wurde der Ring um die Eingeschlossenen enger gezogen, zum anderen rückte die unmittelbare Front weiter nach Westen, sodass die 6. Armee von den eigenen Truppen weiter abgeschnitten wurde. Trotz der aussichtslosen Situation lehnte Paulus am 8. Januar 1943 die Aufforderung zur Kapitulation ab. Der durch Flugblätter und Lautsprecherdurchsagen von der Roten Armee informierten Truppe ließ er mitteilen, dass es sich nur um Propaganda und Täuschung handle. Daraufhin begann zwei Tage später die letzte Offensive der Roten Armee mit 47 Divisionen gegen die Reste der 6. Armee. Mit 218 000 Soldaten, über 5000 Geschützen, 170 Panzern und 300 Flugzeugen wurde der Kessel von Westen her zusammengedrückt. Am 14. Januar ging der Flugplatz Basargino, am 16. Januar der Flugplatz Pitomnik verloren. Sechs Tage später eroberten die Rotarmisten auch den Behelfsflugplatz Gumrak. Die sowjetische Offensive endete am 25. Januar mit der Aufspaltung der Eingeschlossenen in einen Nord- und einen Südkessel. Schon seit dem 22. Januar konnte Versorgungsmaterial nur noch abgeworfen werden, wobei der größte Teil verloren ging.

> »Hunger, Hunger, Hunger, und dann Läuse und Schmutz. Tag und Nacht werden wir von Fliegern angegriffen, und das Artilleriefeuer schweigt fast nie.«
> **Ein deutscher Soldat am 31. Dezember 1942**

Paulus und sein Stab befanden sich im Südkessel. Die Befehlsgewalt hatte der Generaloberst inzwischen schon weitgehend verloren. Einzelne Kommandeure stellten den Kampf ein und gingen mit ihren Truppenteilen in Gefangenschaft. Zahlreiche Offiziere nahmen sich das Leben oder suchten den Tod im feindlichen Feuer. Paulus wurde am 29. Januar 1943 durch einen Funkspruch aus dem Führerhauptquartier zum Generalfeldmarschall befördert. Nach weiteren Angriffen der Rotarmisten auf die noch verbliebenen deutschen Stellungen gab der Südkessel am 31. Januar auf. Der Nordkessel mit 21 deutschen und zwei rumänischen Divisionen kapitulierte am 2. Februar. Versprengte Truppenteile kämpften noch bis zum 20. Februar, ehe sie das Feuer einstellten.

Etwa 150 000 deutsche Soldaten starben im Kessel während der Kämpfe oder infolge des Hungers und der Kälte. Rund 108 000 Mann gerieten in sowjetische Kriegsgefangenschaft, aus der nur an die 5000 Überlebende in die Heimat zurückkehrten (die letzten 1955 auf Initiative des Bundeskanzlers Konrad Adenauer). Auch die Rote Armee hatte beträchtliche Verluste zu verzeichnen – vermutlich über eine Million Mann, davon schätzungsweise 500 000 Gefallene. Für die deutsche Seite war der Totalverlust der 6. Armee aber gravierender – die Niederlage in Stalingrad markierte den Wendepunkt des Krieges.

**49**

# Die größte Invasion der Geschichte – Die Landung in der Normandie 1944

**Die Invasion der Normandie ist das größte amphibische Militärunternehmen in der Geschichte. Ihr erfolgreicher Abschluss hatte eine völlig neue, für die Alliierten vorteilhafte strategische Situation im Westen zur Folge. Knapp drei Monate nach der Landung musste die deutsche Wehrmacht Paris aufgeben.**

Schon 1941 drängte Stalin die Westmächte auf die Eröffnung einer zweiten Front im Westen. Ein erstes alliiertes Landeunternehmen scheiterte jedoch ein Jahr später bei Dieppe. Dies führte zu Planung und Bau des Atlantikwalls auf Veranlassung Adolf Hitlers. Die akribischen Vorbereitungen der Alliierten für eine zweite und diesmal erfolgreiche Invasion waren 1944 abgeschlossen. Am 6. Juni 1944, dem berühmten D-Day, begann die Invasion, die eigentlich für Mai geplant war. Um die Invasion, die Operation Overlord, durchzuführen, war die gewaltigste Armada zusammengezogen worden, die die Geschichte je gesehen hatte. Dazu gehörten 1200 Kriegsschiffe, 800 Transportschiffe, 10 000 Flugzeuge, über 4000 Landungsfahrzeuge sowie Hunderte anderer Fahrzeuge. 132 500 Mann amerikanische und britische Truppen sollten in der Normandie zwischen Cherbourg und Caen an Land gehen, während 23 500 Mann im Hinterland mit Fallschirmen abgesetzt wurden. Den Oberbefehl über das Unternehmen führte der amerikanische General Dwight D. Eisenhower.

**Der Atlantikwall**

Zum Schutz der »Festung Europa« gegen eine von Westen her drohende Invasion hatte Adolf Hitler den sogenannten Atlantikwall planen lassen. Dieser sollte sich von den Pyrenäen bis in die Niederlande erstrecken. Zwischen 1942 und 1944 entstand jedoch nur in Teilen an der niederländischen, belgischen und vor allem der französischen Küste ein gestaffeltes Verteidigungssystem, da in diesem Raum die Gefahr einer Invasion am wahrscheinlichsten erschien. An den Stellen, an denen der Wall fertiggestellt war, gab es bombensichere Bunker, gepanzerte Maschinengewehrnester, Minenfelder, Drahtverhaue und zahlreiche andere Hindernisse, die eine effektive Verteidigung ermöglichten.

Britische und kanadische Truppen landen am 6. Juni 1944 (»D-Day«) am Küstenabschnitt »Juno«.

Um 6 Uhr 30 setzte das Trommelfeuer der Schiffsgeschütze auf die deutschen Stellungen ein, während diese gleichzeitig von der alliierten Luftwaffe bombardiert wurden. Noch vor Morgengrauen waren alliierte Fallschirm- und Kommandotruppen im Hinterland gelandet, um Brücken zu sichern und die deutsche Kommunikation zu stören. Die Landungsboote steuerten die mit den Codenamen Utah, Omaha, Gold, Juno und Sword bezeichneten Küstenabschnitte an. Im »Omaha-Abschnitt« schlug den angreifenden Alliierten der härteste Widerstand entgegen, der zahlreiche Verluste forderte. Doch gegen Abend waren alle fünf Abschnitte zu sicheren Brückenköpfen ausgebaut worden. Die deutsche Führung hatte mit einem Angriff nahe Dover gerechnet und erst, als die Invasion in vollem Gange war, den Ernst der Lage erkannt.

Die nach vorn geworfenen wenigen deutschen Panzerverbände hatten bei Caen Stellung bezogen und konnten die angreifenden Briten zunächst aufhalten, sodass Caen erst einen Monat später fiel. Die Luftüberlegenheit der Alliierten war von Anfang an erdrückend gewesen. Dies war einer der Gründe für das Gelingen der Invasion. Die alliierte Luftwaffe hatte zahlreiche Brücken über der Seine und Loire zerstört, um das schnelle Vordringen deutscher Truppen in den angegriffenen Bereich zu verhindern. Bis Anfang Juli hatten die Alliierten das von ihnen besetzte Gebiet gesichert, zusätzliche Truppen sowie riesige Mengen an Ausrüstung und Munition landeten dort.

Ein weiteres Zentrum deutschen Widerstands stellte die Halbinsel Cotentin dar, doch am 27. Juli konnte die alliierte Übermacht den wichtigen Hafen Cherbourg einnehmen. Am 30. Juli erzielten die alliierten Panzerverbände bei Avranches den Durchbruch in Richtung Nordfrankreich. Neben der Unterlegenheit an Truppen und Material stellte bei der Abwehr der Invasion durch die deutschen Truppen die auf deutscher Seite herrschende komplizierte Befehlshierarchie ein Problem dar – sie verhinderte ein entschlossenes, zielgerichtetes Handeln.

»Die Küste und ihre Befestigungen müssen bis zum Letzten gehalten werden.«
Generalfeldmarschall Gerd von Rundstedt, Oberbefehlshaber West

# 50

# Vernichtende Niederlage – Die Schlacht von Dien Bien Phu 1954

**Die Schlacht um die französische Festung Dien Bien Phu im Nordwesten Vietnams dauerte vom 13. März 1954 bis zum 7. Mai 1954. Sie ging mit einem entscheidenden Sieg der Truppen der vietnamesischen Unabhängigkeitsbewegung Viet Minh über die Franzosen zu Ende.**

Die Lage der französischen Kolonialmacht in Indochina war denkbar ungünstig. Der Konflikt währte bereits sieben Jahre und die Viet Minh bedrängten die Franzosen mit ihren Guerillaangriffen enorm. Um den Gegner in einer offenen Feldschlacht zu schlagen, ließ der französische General Henri Navarre einen verlassenen französischen Außenposten im Kreis Dien Bien, umgeben von einer Hügelkette, zu einer Festung mit zahlreichen Außenposten ausbauen. Im Zentrum der Festung waren die beweglichen Verbände, die Artillerie und die Panzereinheiten postiert. Der Hauptflugplatz befand sich in Reichweite. Etwa 17 000 kampferfahrene Soldaten standen zum Einsatz bereit.

Der vietnamesische General Võ Nguyên Giáp erhielt am 6. Dezember 1953 erhielt den Befehl, die Franzosen bei Dien Bien Phu anzugreifen. In monatelanger Arbeit gelang es ihm, Artillerie- und Flakgeschütze auf den Anhöhen rings um das Tal in Stellung zu bringen – ein Unterfangen, das

**Vo Nguyen Giap**

Der Sohn eines Dorflehrers wurde am 25. August 1911 in der vietnamesischen Provinz Quảng Bình geboren. Im Alter von 15 Jahren wurde er Mitglied der Revolutionären Partei. Wegen seiner Gegnerschaft zur französischen Kolonialmacht wurde Giap 1939 inhaftiert und emigrierte 1940 nach China. Dort wurde er Mitbegründer der Liga für die Unabhängigkeit Vietnams (Viet Minh). Als Kommandeur der Partisanengruppen kehrte Giap 1944 nach Vietnam zurück. Als brillanter Militärtaktiker entwickelte er eine außerordentlich erfolgreiche Guerillataktik, die 1954 zum Ende der französischen Kolonialherrschaft in Vietnam führte. Von 1954 bis 1980 war Giap Verteidigungsminister. Nach der Vereinigung von Nord- und Südvietnam im Jahr 1976 blieb er bis 1991 stellvertretender Ministerpräsident.

Verletzte französische Soldaten werden aus der Festung Dien Bien Phu mit Hubschraubern ausgeflogen.

General Navarre nicht für möglich gehalten hatte. Am Morgen des 13. März 1954 gingen an die 33 000 Vietnamesen zum Angriff über. Der Artilleriebeschuss beschädigte die wichtigste Landebahn schwer, ein Großteil der französischen Vorräte an Waffen und Munition wurde vernichtet. Die übrigen Truppenteile schlossen den Kessel, und bald wurden die Außenposten nördlich der Festung erobert. Ab dem 28. März ließ das Artilleriefeuer der Vietnamesen keine Landung eines französischen Flugzeugs mehr zu. Angriffe der französischen Luftwaffe auf die Nachschubwege des Gegners konnten die Versorgung der Viet Minh nicht wesentlich stören.

Während einer zweiwöchigen Kampfpause verstärkte General Giap seine Truppen, sodass ihm für die zweite Angriffswelle etwa 50 000 Mann zur Verfügung standen. Die Franzosen konnten ihren Stützpunkt nur durch Fallschirmjäger verstärken.

Als am 30. März der Angriff der Vietnamesen auf das Zentrum der Festung begann, setzte die französische Luftwaffe Bomben und Napalm ein, was die feindlichen Angriffe verlangsamte. Ende April waren nur noch wenige Stellungen der Festung rund um das Hauptquartier unter französischer Kontrolle. Die französischen Soldaten waren von den schweren Kämpfen gezeichnet und fürchteten die Gefangenschaft. Nicht wenige desertierten, andere nahmen sich das Leben.

Der Generalangriff der Vietnamesen erfolgte am 2. Mai 1954. Bis zum 7. Mai leisteten die Franzosen noch erbitterten Widerstand. Doch um 17 Uhr 30 kapitulierte die Festung. Einen Tag später ergaben sich auch die Verteidiger des südlichen Außenpostens Isabelle. Ungefähr 10 300 französische Soldaten gerieten in Kriegsgefangenschaft. Nur 3290 überlebten die Strapazen in den Lagern. Auf französischer Seite waren etwa 8200 Soldaten im Verlauf der Kämpfe gefallen oder verwundet worden. Die Vietnamesen hatten an die 20 000 Opfer zu beklagen. Nach der Niederlage von Dien Bien Phu tagte die Indochina-Konferenz in Genf. Die Teilnehmer verständigten sich auf einen Waffenstillstand. Das Abkommen trat am 21. Juli 1954 in Kraft und beendete den Indochinakrieg.

»Unser Sieg bei Dien Bien Phu wird bedeuten, die Masse der feindlichen Truppen zu vernichten, den ganzen Nordwesten zu befreien, das Hinterland für den Widerstandskrieg auszudehnen und zu festigen.«
Ansprache von General Giap vor Beginn der Schlacht

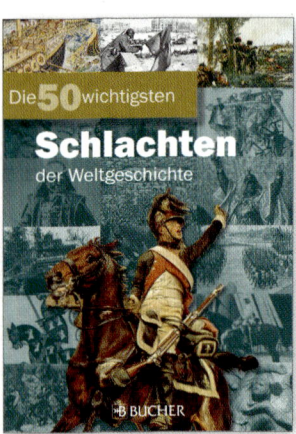